Horst Hanisch, Kunstvolles Serviettenbrechen

Horst Hanisch

# KUNSTVOLLES SERVIETTEN- BRECHEN

Eine Anleitung mit Fotos
und konstruktiven Zeichnungen
für 66 Figuren

8. Auflage

HUGO MATTHAES
DRUCKEREI UND VERLAG GMBH & CO. KG
STUTTGART

ISBN 3-87516-078-9

8. Auflage 1996
Alle Rechte, auch die der Mikrofilmwiedergabe
und insbesondere der Übersetzung, vorbehalten.
Nachdruck und Bildwiedergabe, auch auszugsweise,
nur mit schriftlicher Genehmigung des Verlages gestattet.

Fotos: Karin Weishaupt, Stuttgart

© 1983 by Hugo Matthaes Druckerei und Verlag GmbH & Co. KG, Stuttgart
Printed in Germany – Imprimé en Allemagne
Herstellung einschließlich der Reproduktionen:
Hugo Matthaes Druckerei und Verlag GmbH & Co. KG, Stuttgart

# Vorwort

Jawohl, es ist eine Kunst, Servietten zu brechen. Kunstvoll zu brechen. Servietten kann man unzählige, teilweise geradezu abenteuerliche Formen geben.

Gleich am Anfang möchte ich darauf hinweisen, daß es sicher ebenso viele Verfechter wie auch Gegner des Brechens von Servietten gibt. Letztere haben folgendes Argument, dem eine gewisse Berechtigung nicht abgesprochen werden kann:

„Bei dem kunstvollen Brechen der Servietten, wozu man manchmal zehnmal oder mehr die Serviette bricht, wendet, rollt oder preßt, muß man sie zu oft mit den Händen berühren. Das ist aber unhygienisch, und deshalb muß man das Serviettenbrechen, so schön die Figuren auch sein mögen, ablehnen."

Als Freund des Serviettenbrechens entgegne ich:

„Dann muß in Zukunft auch jeder Koch oder jede Hausfrau in der Küche Gummihandschuhe anziehen, um das Essen weitestgehend hygienisch einwandfrei herstellen zu können."

Betrachten Sie sich bitte einmal einen schön eingedeckten Tisch mit raffiniert gebrochenen Servietten. Dann sehen Sie zum Vergleich einen Tisch an, auf dem die Servietten ganz einfach unter die Gabeln geklemmt wurden. Es macht doch bei den Gästen und auch bei der eigenen Familie einen netten Eindruck, wenn man für ein Festessen zu Hause die Servietten formen kann. Noch besser wirkt es, wenn man ein gepflegtes Restaurant betritt, in dem auf allen Tischen die gleichen Serviettenfiguren aufgestellt sind. Den schönsten Anblick bieten solche Figuren allerdings in einem festlich geschmückten Speisesaal. Er wird den Gästen manches Ah! und Oh! entlocken. Schon der Anblick solch einer herrlichen Tafel steigert unweigerlich die Vorfreude auf das bevorstehende Essen.

Leider gibt es erst sehr wenige Fachbücher, die das Serviettenbrechen ausführlich beschreiben. Unglücklicherweise und zu meinem großen Ärger gibt es immer wieder Figuren, deren Herstellungsvorgang

- ungenau beschrieben ist, so daß man plötzlich mit dem nächsten Schritt nicht weiterkommt;
- falsch beschrieben ist, so daß man nie zu dem gewünschten Ergebnis gelangen wird;
- praktisch überhaupt nicht nachzuvollziehen ist, weil die Servietten so oft gebrochen werden müßten, daß sie sich am Schluß beim besten Willen nicht mehr formen ließen (mit Papier wäre es vielleicht durchführbar).

Deshalb habe ich von allen Serviettenformen, die ich kenne, nur diejenigen aufgeführt, die ich selbst gebrochen habe, und zwar größtenteils in verschiedenen Hotels und Restaurants im In- und Ausland mit meinem Bedienungspersonal.

Nicht aufgezählt habe ich solche, die mit einer Stoffserviette auf keinen Fall zu brechen sind oder die sich in der Praxis nicht einsetzen lassen.

Nun wünsche ich jedem, der sich aus privaten oder beruflichen Gründen ans Serviettenbrechen wagt, viel Freude. Sehen die entstehenden Figuren beim ersten Mal vielleicht nicht ganz exakt aus, so werden sie bei weiteren Versuchen bestimmt die gewünschte Form haben.

Horst Hanisch

# Inhaltsverzeichnis

| | | | | | | | | |
|---|---|---|---|---|---|---|---|---|
| | Tasche | 10 | | Segel | 54 | | Palmwedel | 98 |
| | Quadrat | 12 | | Tafelspitz | 56 | | Ahornblatt | 100 |
| | Flunder | 14 | | Pfeiler | 58 | | Zwilling | 102 |
| | Dreieck | 16 | | Dinner | 60 | | Spanische Wand | 104 |
| | Dreispitz | 18 | | Apollo | 62 | | Megaphon | 106 |
| | Serviettentasche | 20 | | Einfacher Fächer | 64 | | Schwimmender Schwan | 108 |
| | Eistüte | 22 | | 2facher Fächer | 66 | | Dschunke | 110 |
| | Wundertüte | 24 | | 2facher Fächer mit Spitzen | 68 | | Nachtschwärmer | 112 |
| | Drachen | 26 | | 3facher Fächer | 70 | | Blüte | 114 |
| | Tüte | 28 | | 3facher Fächer mit Spitzen | 72 | | Turmspitze | 116 |
| | Einfache Welle | 30 | | 3facher Fächer mit Doppelspitzen | 74 | | Torbogen | 118 |
| | Zweifache Welle | 32 | | 2farbiger Fächer | 76 | | Turm zu Babylon | 120 |
| | Brandung | 34 | | Asiatischer Fächer | 78 | | Obelisk | 122 |
| | Rolle | 36 | | Stehender Fächer | 80 | | Säule | 124 |
| | Doppelrolle | 38 | | Berlin | 82 | | Wünschelrute | 126 |
| | Frühlingsrolle | 40 | | Banane | 84 | | Bierstengel | 128 |
| | Hut | 42 | | Maiskolben | 86 | | Strauß | 130 |
| | Mütze | 44 | | Königsschleppe | 88 | | Seerose | 132 |
| | Zuckerhut | 46 | | Lilie | 90 | | Lotosblüte | 134 |
| | Zipfelmütze | 48 | | Design | 92 | | Halbmond | 136 |
| | Bischofsmütze | 50 | | Schwinge | 94 | | Vollmond | 138 |
| | Mitra | 52 | | St.-Jakobs-Muschel | 96 | | Schmetterling | 140 |

## *Die Zeichnungen*

Alle in diesem Buch gezeigten Figuren wurden mit Stoffservietten ohne weitere Hilfsmittel ausgeführt und lassen sich nach den Zeichnungen brechen. Eine Serviette, die gewaschen, gebügelt, gemangelt wurde, kann aber ihre ursprüngliche quadratische Form nicht behalten. Aus diesem Grunde können nicht alle gebrochenen Figuren exakt die Form zeigen, wie sie in den Teilzeichnungen dargestellt sind. Trotzdem wird man nach den einzeln erklärten Schritten zu einem erfreulichen Ergebnis gelangen.

Wenn sich auch bei manchen Figuren die Vorgänge wiederholen, sind sie jedesmal ausführlich dargestellt, so daß man ohne lästiges Hin- und Herblättern die ganze Figur brechen kann.

Da alle Zeichnungen im gleichen Maßstab angelegt sind, bleibt es nicht aus, daß die fertige Form im Vergleich zur Ausgangsform (quadratische Serviette) recht klein erscheint. Um das zu vermeiden, wurden einige fertige Figuren vergrößert dargestellt. Ebenso kommt es vor, daß Zeichnung und Foto die gebrochene Serviette von unterschiedlichen Standpunkten aus zeigen.

In der Reihenfolge der Figuren wurde mit den einfachsten begonnen, mit denen auch der Ungeübte leicht fertig wird. Weiter kommen dann Serviettenformen, zu denen es ein wenig mehr Übung und Geduld erfordert, und schließlich solche, die nicht als Mundservietten, sondern mehr als Schmuckservietten Verwendung finden.

Die erste Auflage dieses Buches
wurde von der Gastronomischen Akademie Deutschlands
mit einer
SILBERMEDAILLE
ausgezeichnet

# 66
# SERVIETTEN

Figur 1

# Tasche

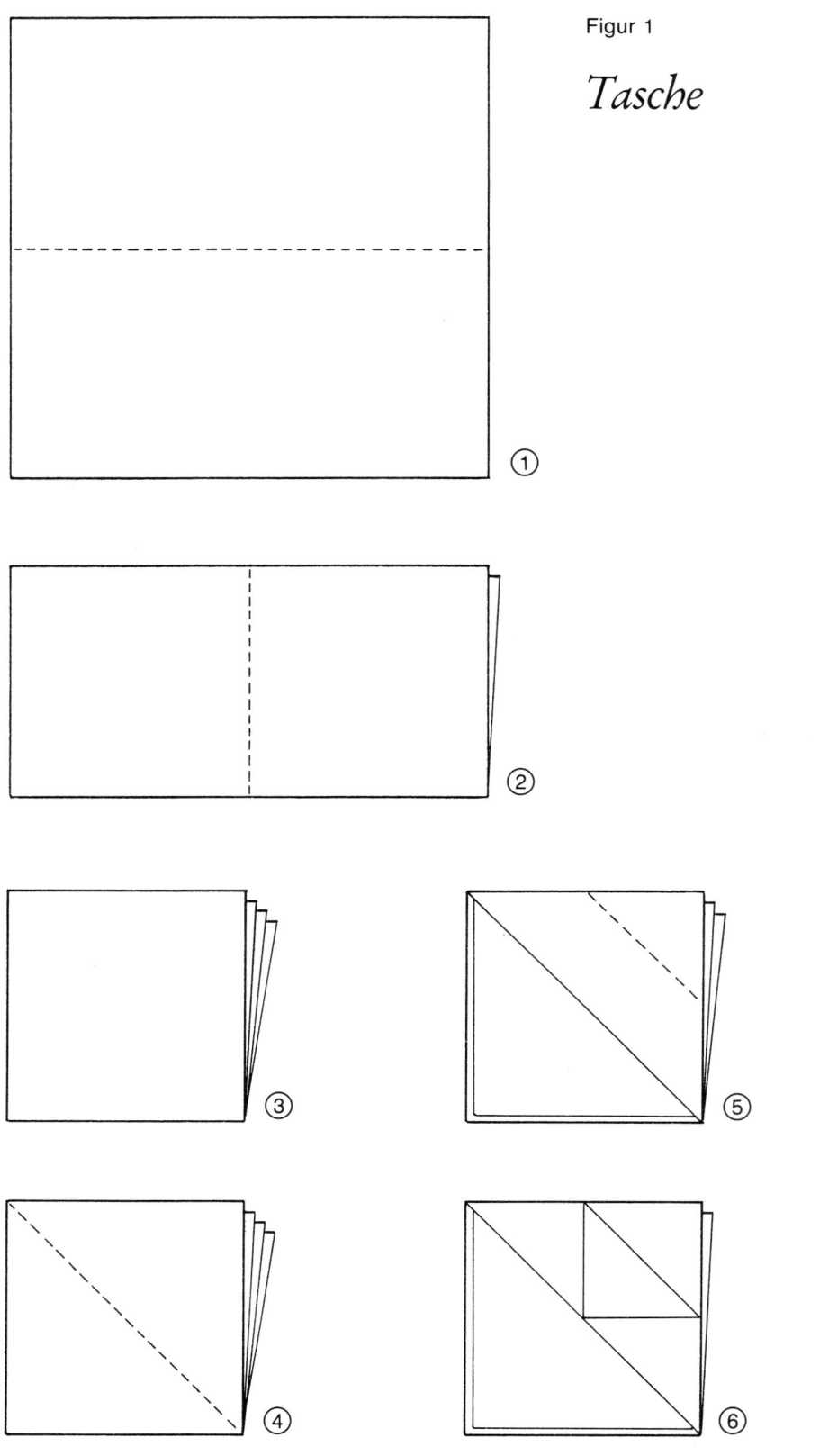

## Tasche

① Serviette in der Mitte brechen.

② Nochmals in der Mitte brechen, so daß ein Quadrat entsteht.

③ Alle offenen Seiten sollen nach rechts oben liegen.

④ Nur das obere Blatt wird diagonal nach unten gebrochen.

⑤ Die zweite Lage wird nach dem Mittelpunkt zu gebrochen.

⑥ Fertige Figur.

Figur 2

## Quadrat

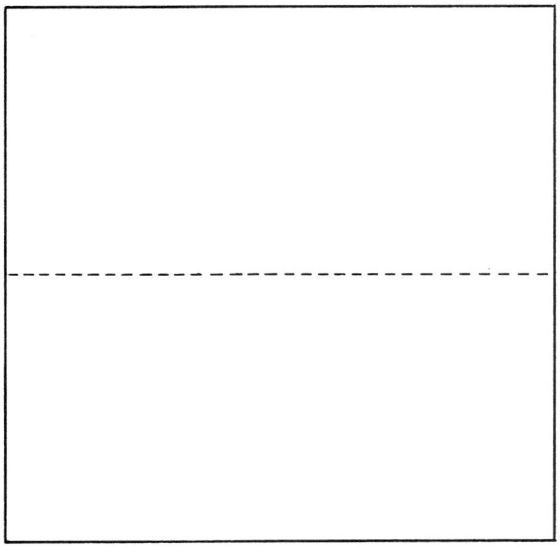

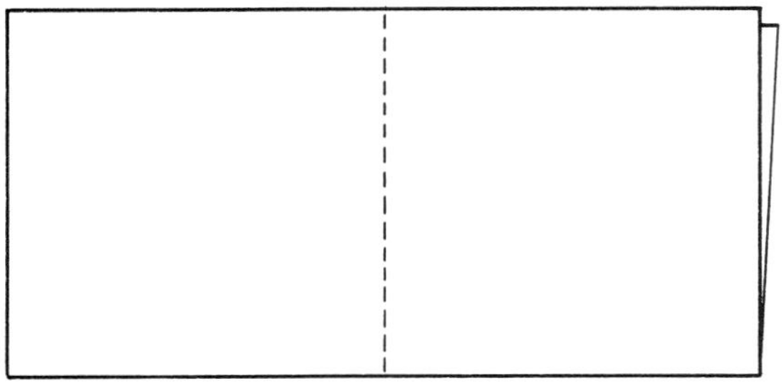

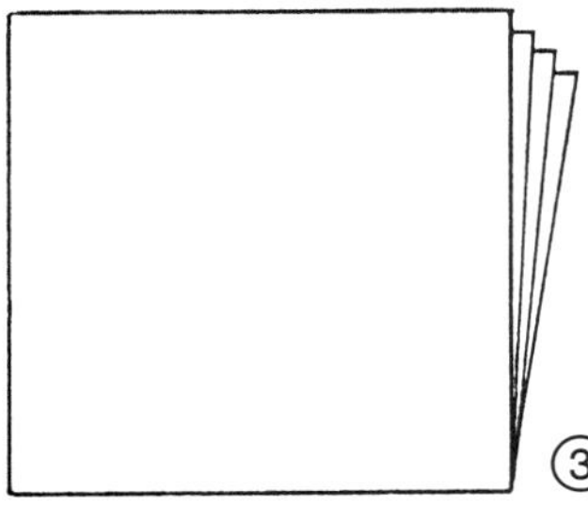

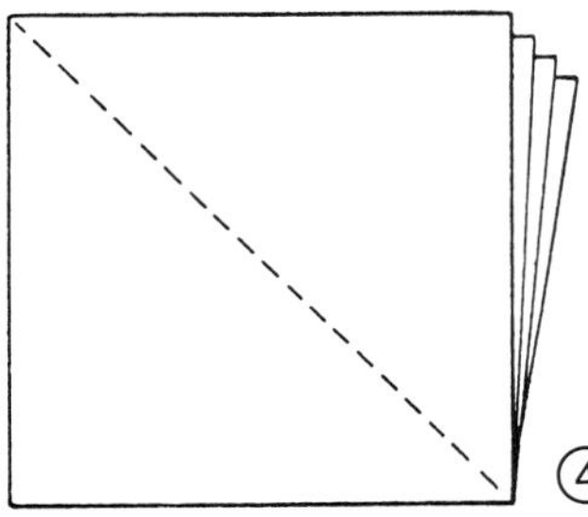

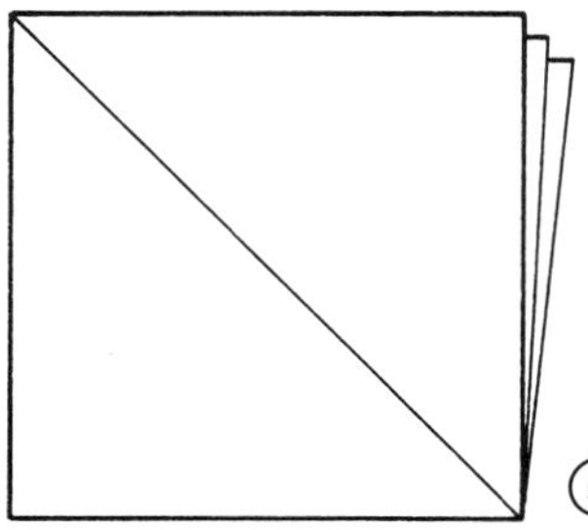

## Quadrat

① Serviette in der Mitte brechen.

② Nochmals in der Mitte brechen, daß ein Quadrat entsteht.

③ Alle offenen Seiten sollen nach rechts oben liegen.

④ Oberes Blatt diagonal brechen, aber nicht nach außen hin, sondern nach innen einschieben. Es entsteht eine sehr einfache, aber saubere Figur, die man oft benutzt, um zum Beispiel Toastbrot oder eine Menükarte in die Tasche zu schieben. Zudem ist sie sehr einfach zu brechen.

⑤ Fertige Figur.

Figur 3

# Flunder

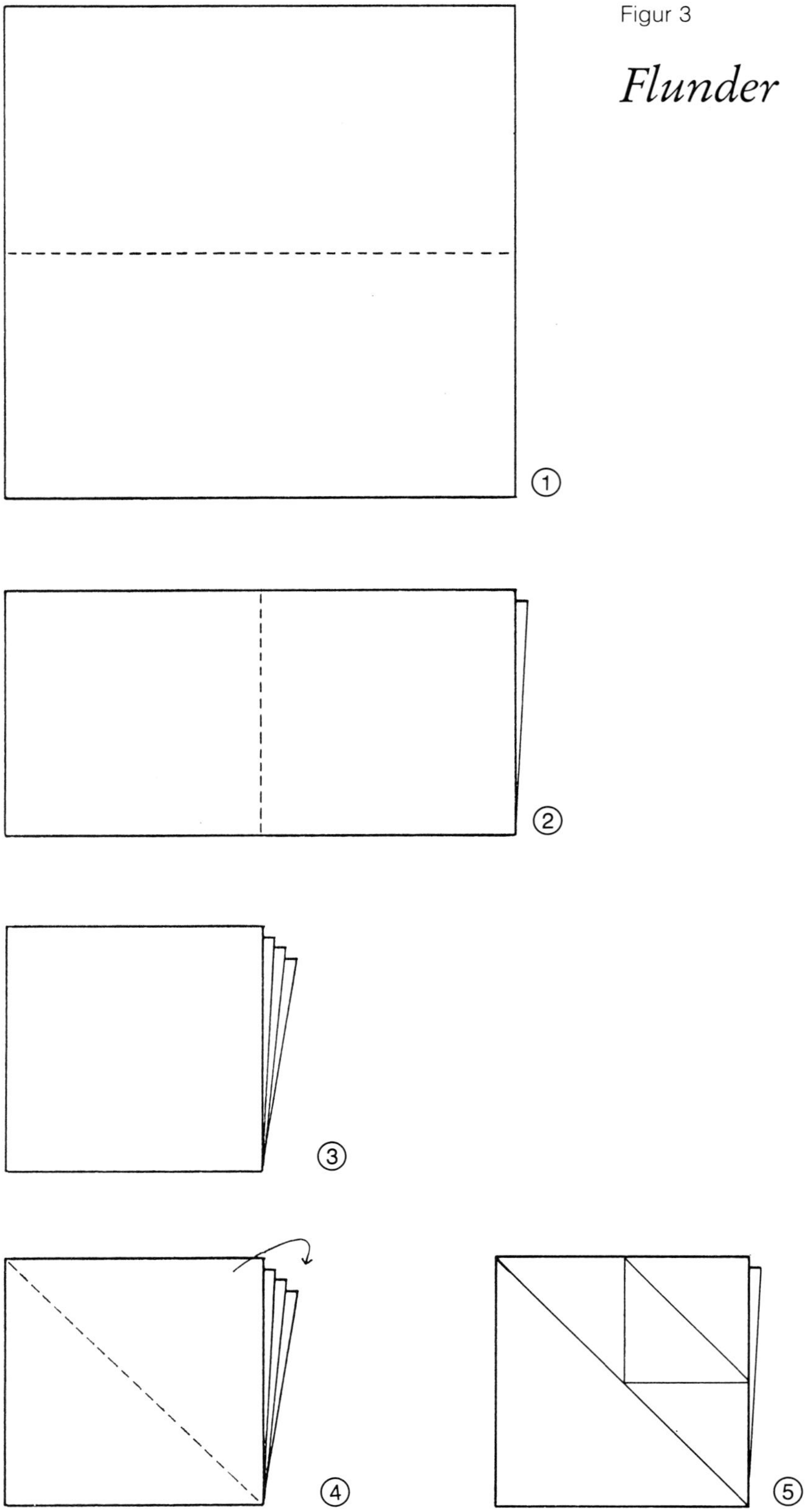

①

②

③

④

⑤

14

## Flunder

① Serviette in der Mitte brechen.

② Nochmals in der Mitte brechen, daß ein Quadrat entsteht.

③ Alle offenen Seiten sollen nach rechts oben liegen.

④ Nur das obere Blatt wird diagonal nach unten innen gebrochen und eingeschoben.

⑤ Das zweite Blatt wird wie in der Zeichnung zum Mittelpunkt gebrochen, es entsteht die fertige Figur.

Figur 4

# Dreieck

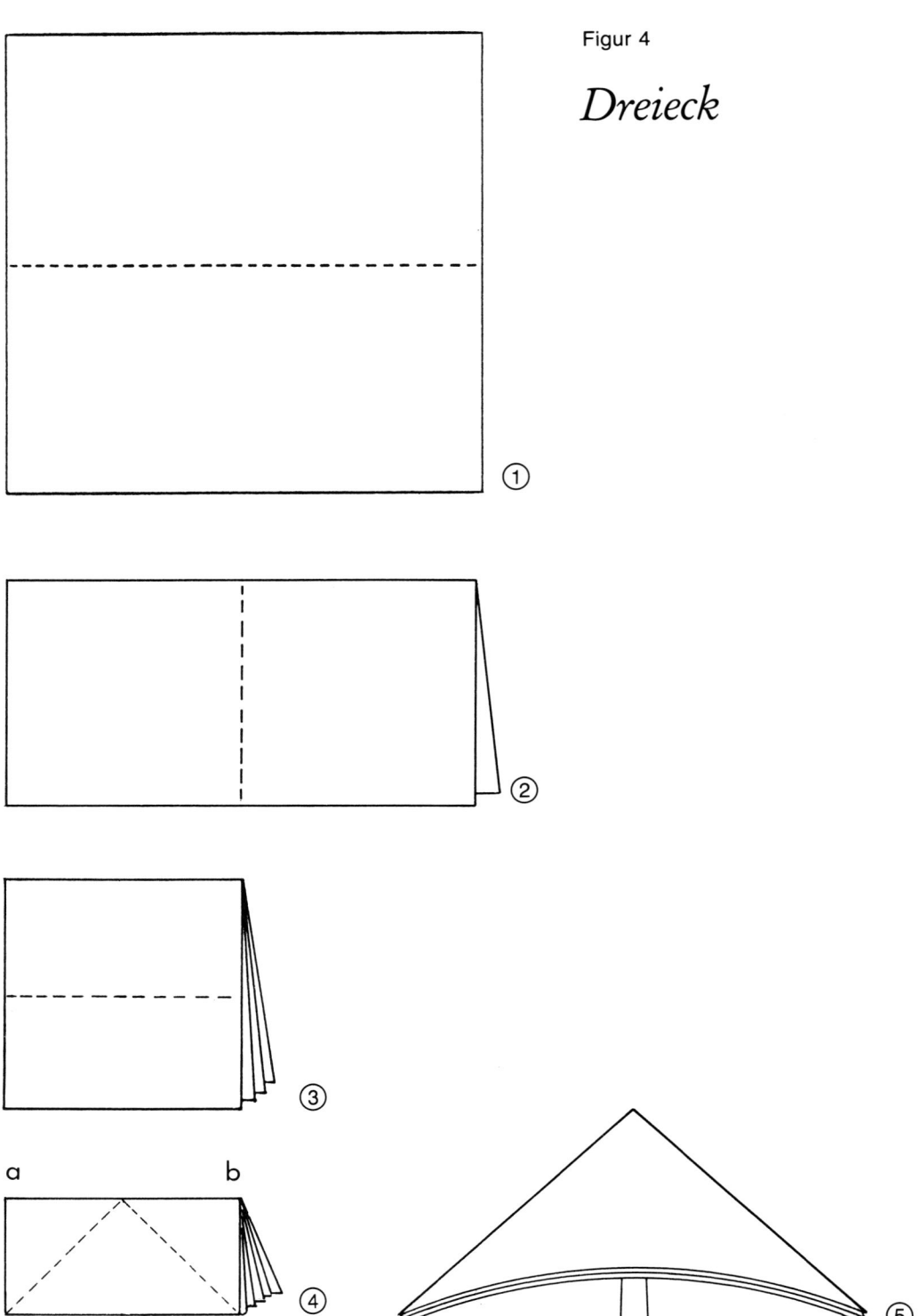

## Dreieck

① Serviette in der Mitte nach unten brechen.

② Quer zum ersten Bruch in der Mitte brechen, so daß alle offenen Seiten nach rechts unten liegen.

③ In der Mitte nach unten brechen.

④ Die beiden Ecken a und b schräg nach innen hinten umbiegen, nicht brechen. Da die Seiten nicht gebrochen wurden, liegt die Serviette nicht ganz flach, sondern wölbt sich etwas hoch.

⑤ Fertige Figur.

Figur 5

*Dreispitz*

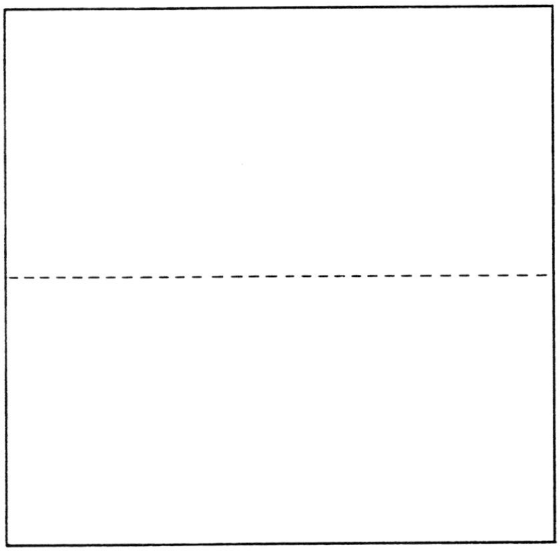

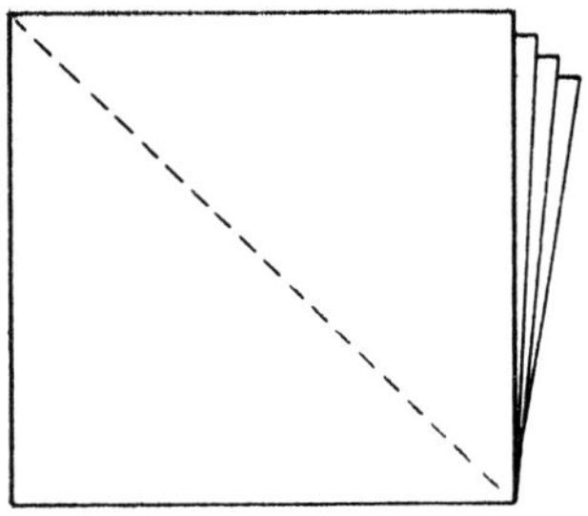

18

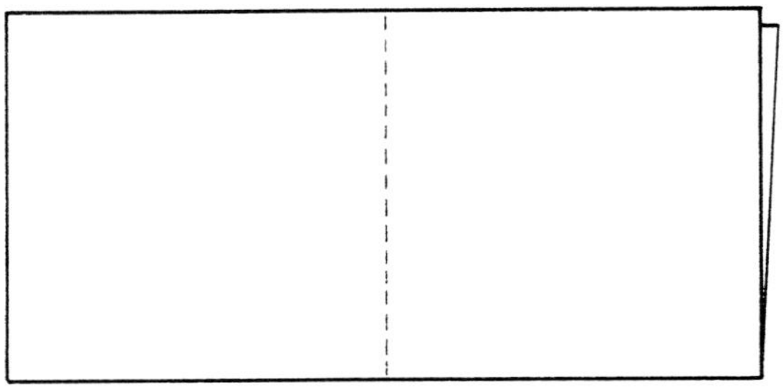

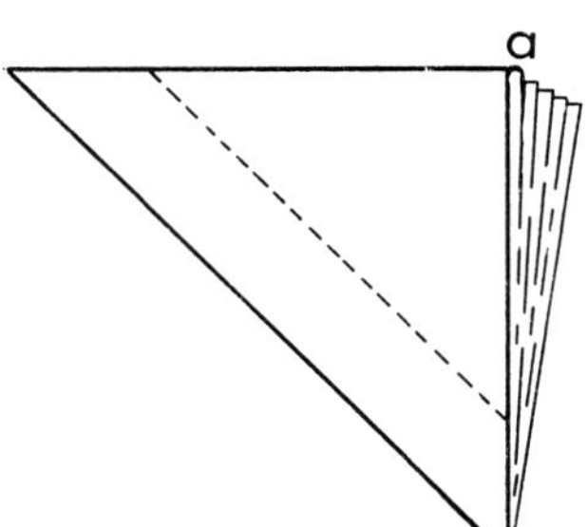

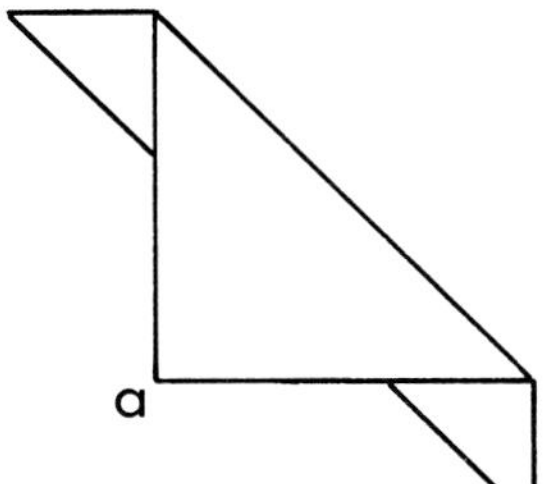

## Dreispitz

① Serviette in der Mitte brechen.
② Serviette quer zum ersten Bruch in der Mitte brechen.
③ Diagonal zum Dreieck brechen.
④ Ecke a so über die Grundlinie brechen, daß sie darüber hinausragt.
⑤ Fertige Figur.

Figur 6

*Serviettentasche*

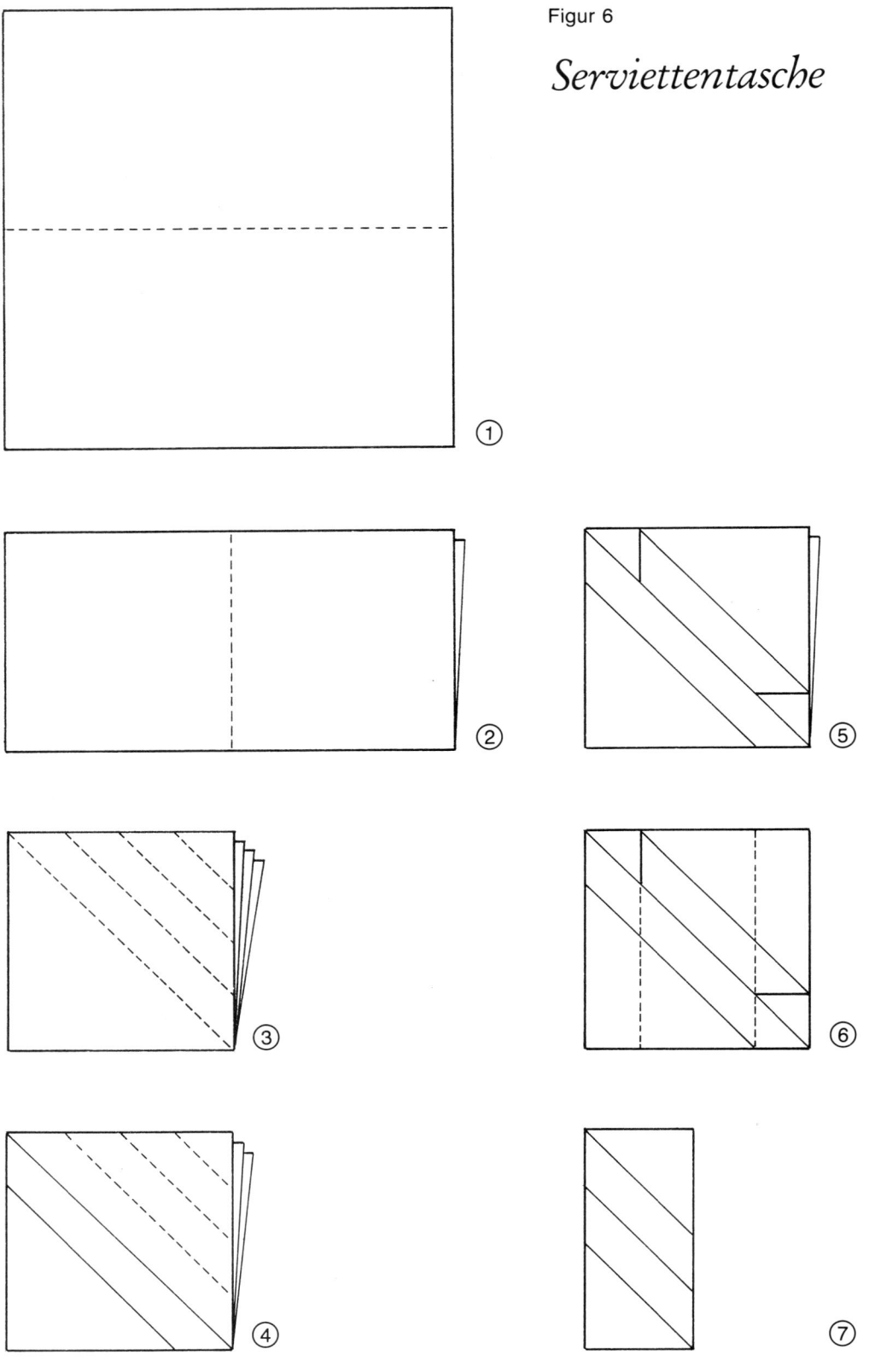

## Serviettentasche

① Serviette in der Mitte brechen.

② Serviette nochmals in der Mitte brechen.

③ Alle offenen Seiten zeigen nach rechts oben. Das obere Blatt viermal zur Mitte hin diagonal brechen, wobei der vierte Bruch genau die Hauptdiagonale bildet.

④ Das zweite Blatt in der gleichen Art dreimal brechen. Die Kante des Streifens liegt an der Hauptdiagonale.

⑤ Das dritte Blatt über die Kante des zweiten Bandes brechen und unter das erste Band einschieben.

⑥ Linkes und rechtes Viertel der Serviette nach hinten brechen.

⑦ Fertige Figur.

Figur 7

*Eistüte*

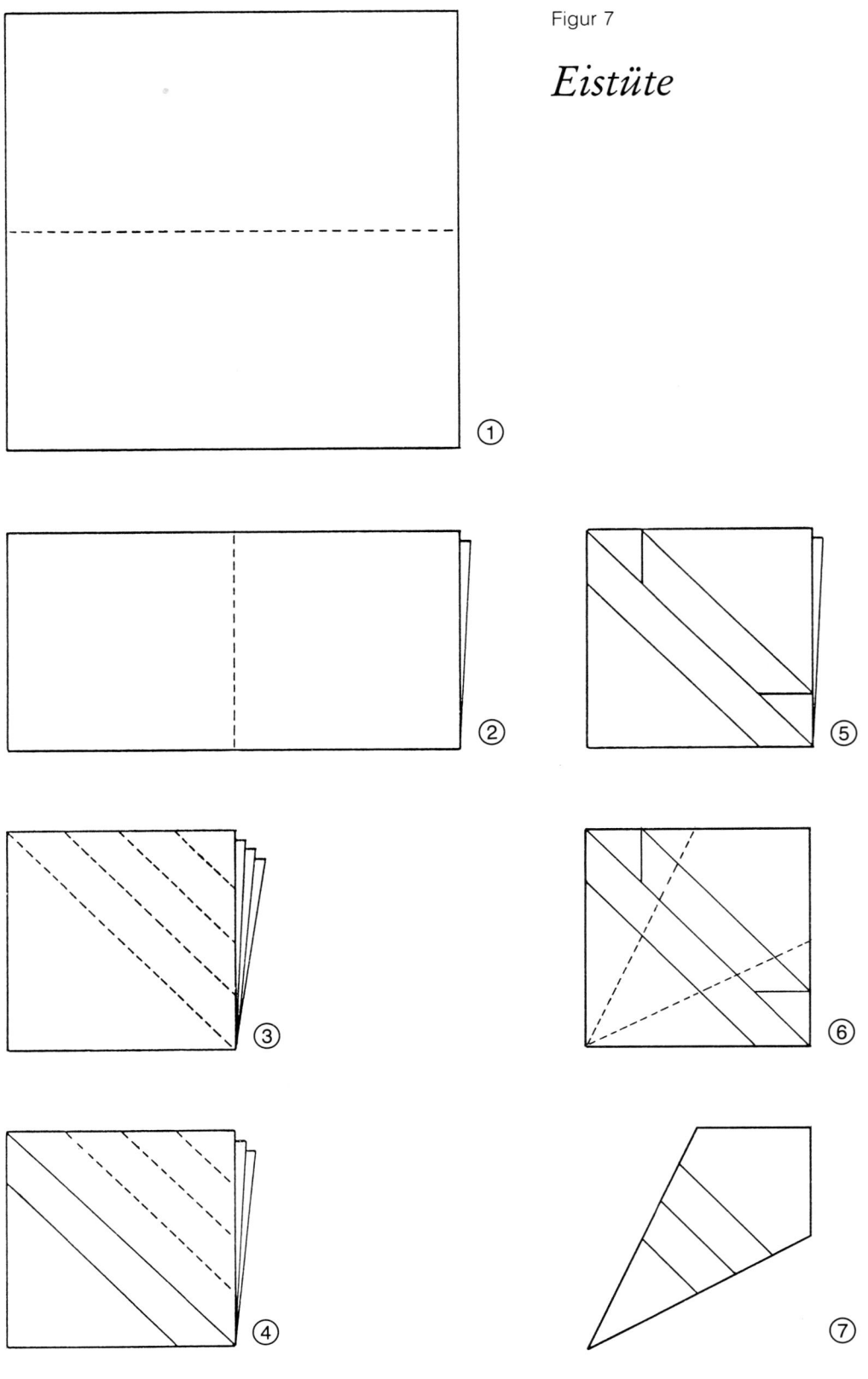

## Eistüte

① Serviette in der Mitte brechen.

② Serviette nochmals in der Mitte brechen.

③ Alle offenen Seiten zeigen nach rechts oben. Das obere Blatt viermal zur Mitte hin diagonal brechen, wobei der vierte Bruch genau die Hauptdiagonale bildet.

④ Das zweite Blatt in der gleichen Art dreimal brechen. Die Kante des Streifens liegt an der Hauptdiagonale.

⑤ Das dritte Blatt über die Kante des zweiten Bandes brechen und unter das erste Band einschieben.

⑥ Die linke und die untere Kante so nach hinten brechen, daß sie auf der Diagonale liegen.

⑦ Fertige Figur.

Figur 8

# Wundertüte

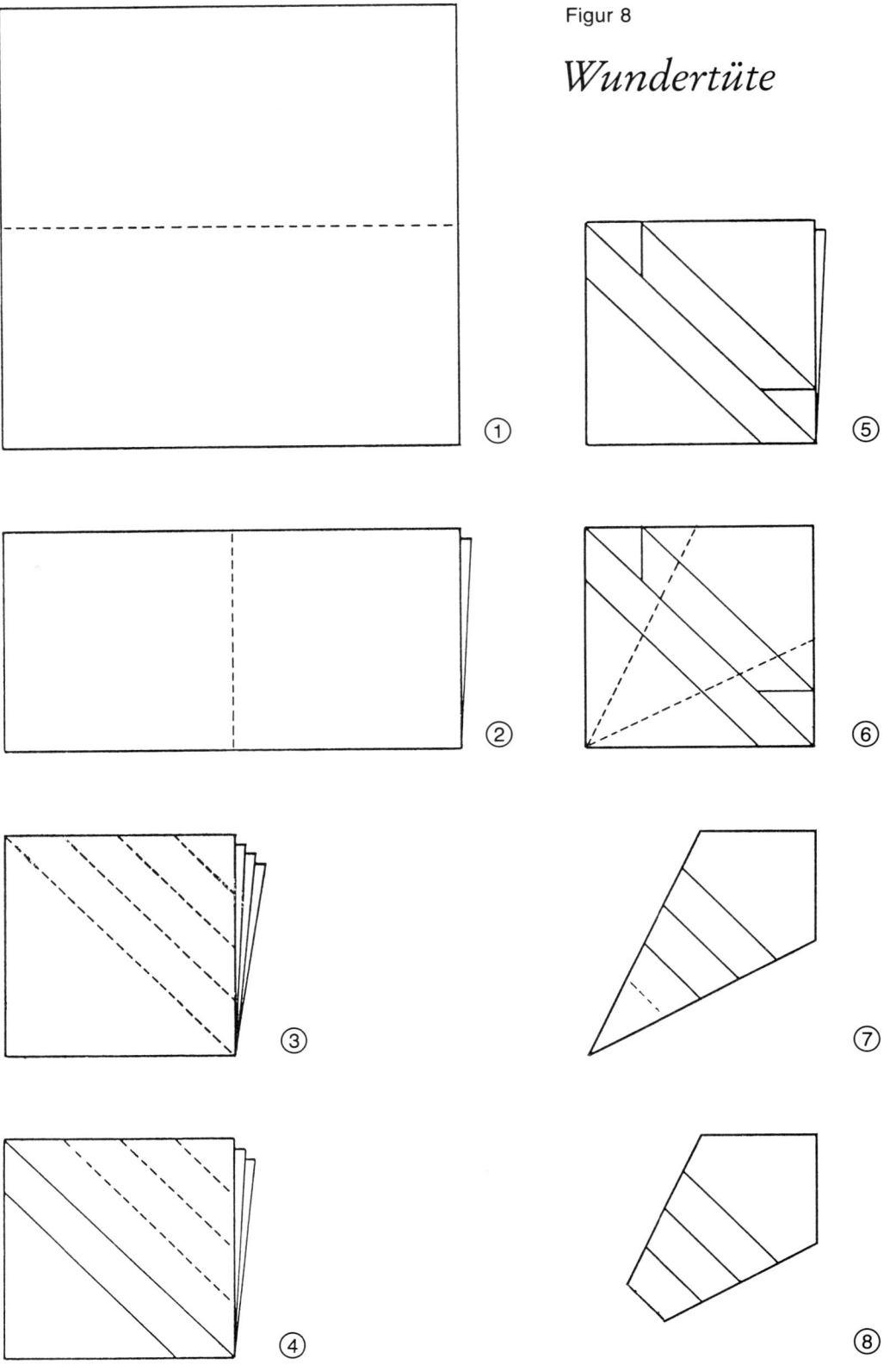

24

## Wundertüte

① Serviette in der Mitte brechen.

② Serviette nochmals in der Mitte brechen.

③ Alle offenen Seiten zeigen nach rechts oben. Das obere Blatt viermal zur Mitte hin diagonal brechen, wobei der vierte Bruch genau die Hauptdiagonale bildet.

④ Das zweite Blatt in der gleichen Art dreimal brechen. Die Kante des Streifens liegt an der Hauptdiagonale.

⑤ Das dritte Blatt über die Kante des zweiten Bandes brechen und unter das erste Band einschieben.

⑥ Die linke und die untere Kante so brechen, daß sie auf der Diagonale liegen.

⑦ Unteren Teil nach hinten brechen.

⑧ Fertige Figur.

Figur 9

## Drachen

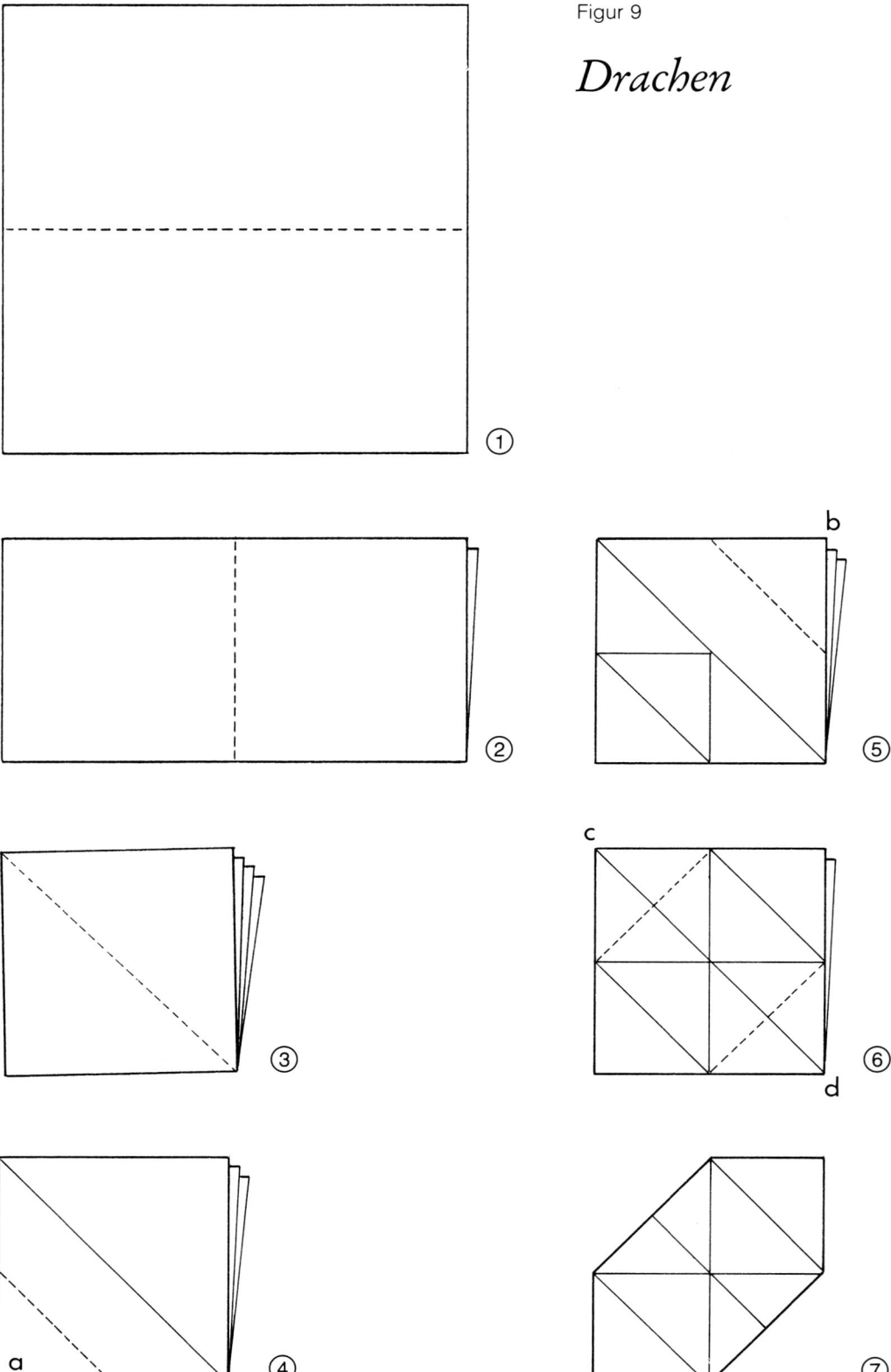

## Drachen

① Serviette in der Mitte brechen.
② Nochmals in der Mitte brechen.
③ Das obere Blatt diagonal brechen.
④ Ecke a diagonal auf die Mitte zurückbrechen.
⑤ Ecke b des oberen Blattes diagonal auf die Mitte brechen.
⑥ Ecken c und d nach hinten zur Mitte brechen.
⑦ Fertige Figur.

Figur 10

*Tüte*

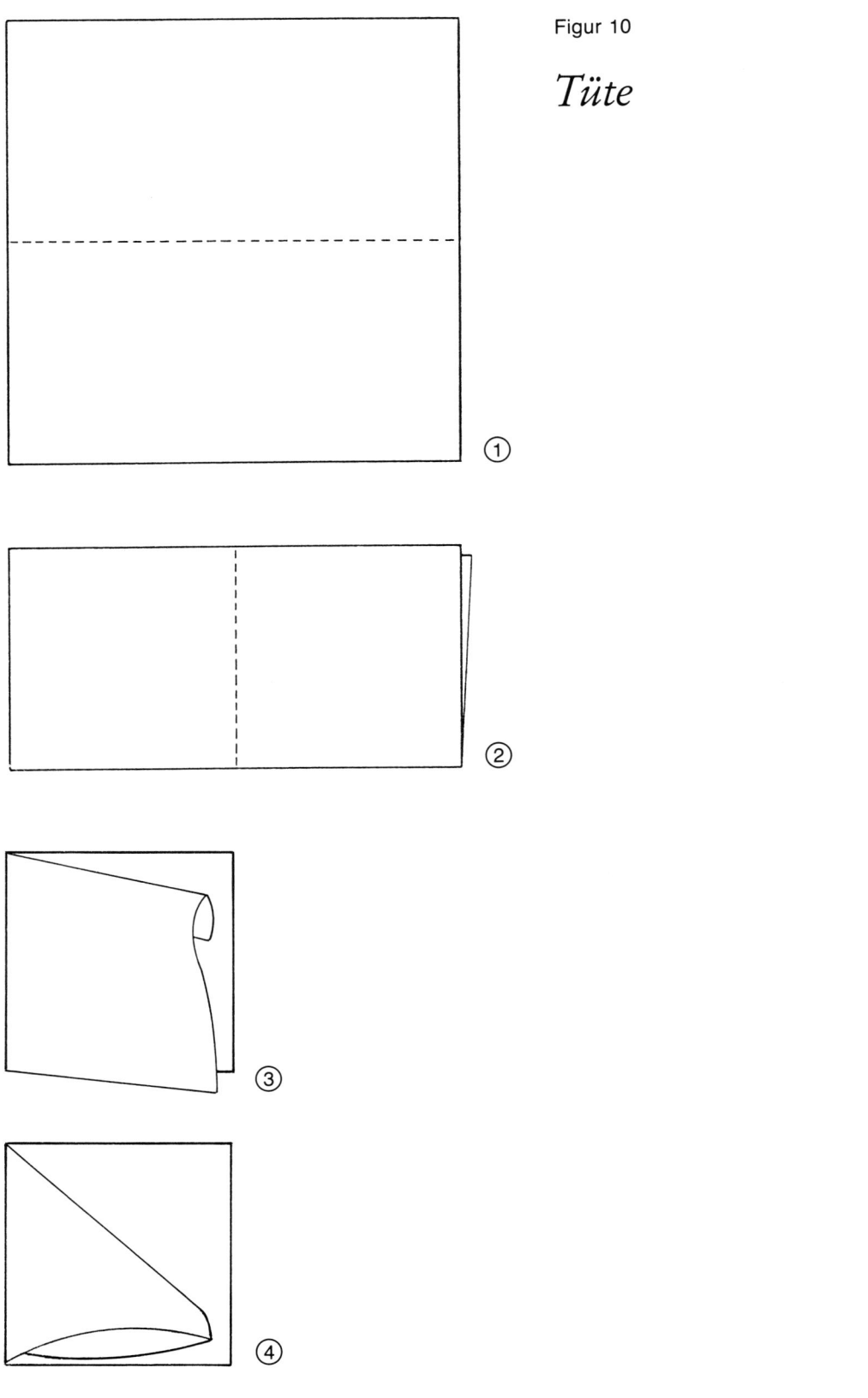

## Tüte

① Serviette in der Mitte brechen.

② Serviette nochmals in der Mitte brechen.

③ Die beiden oberen Blätter groß nach innen einrollen.

④ Fertige Figur.

Figur 11

*Einfache Welle*

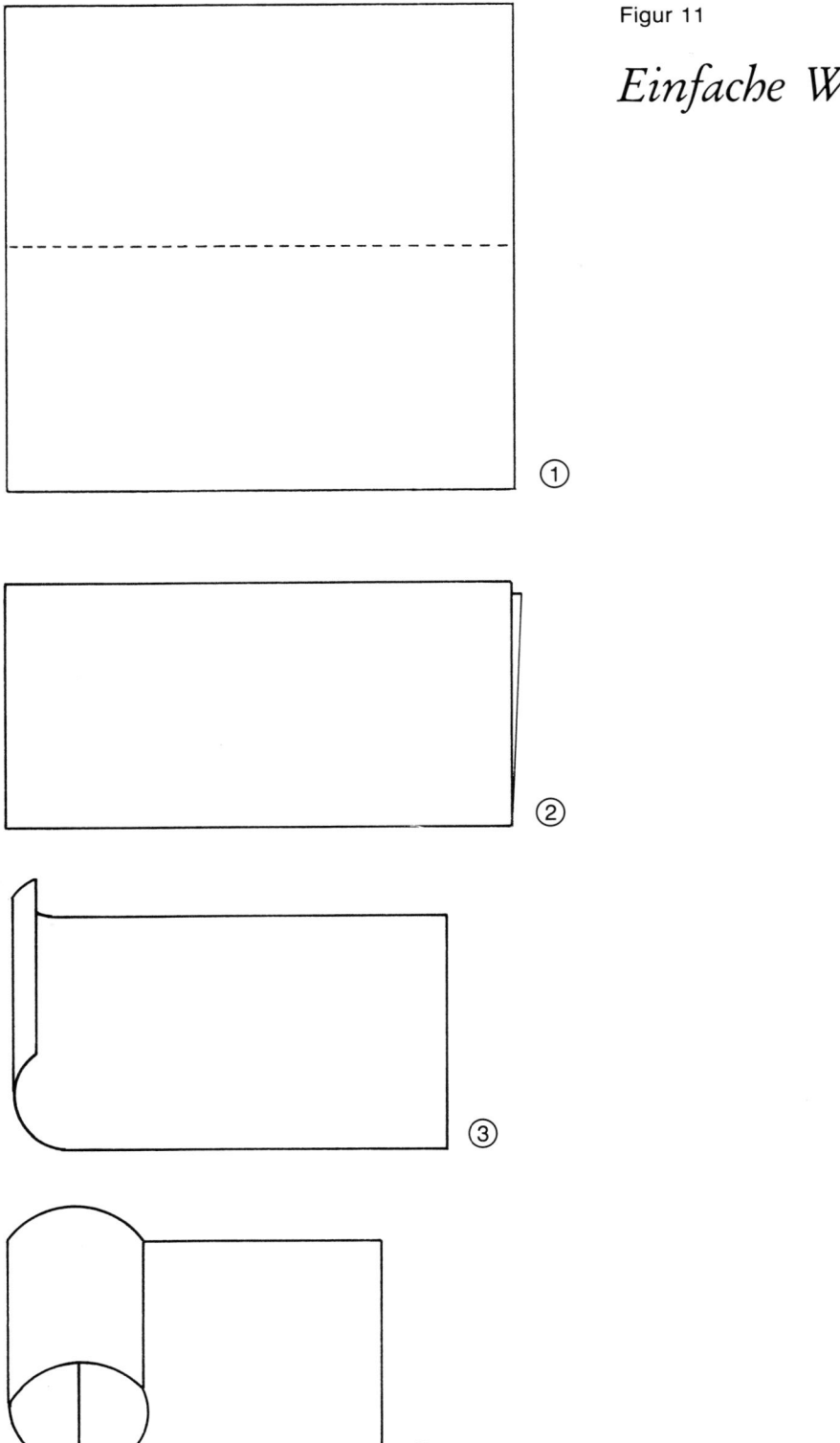

## Einfache Welle

① Serviette in der Mitte brechen.

② Die linke Kante nach innen einrollen.

③ Etwa bis zur Mitte weiterrollen.

④ Fertige Figur.

Figur 12

*Zweifache Welle*

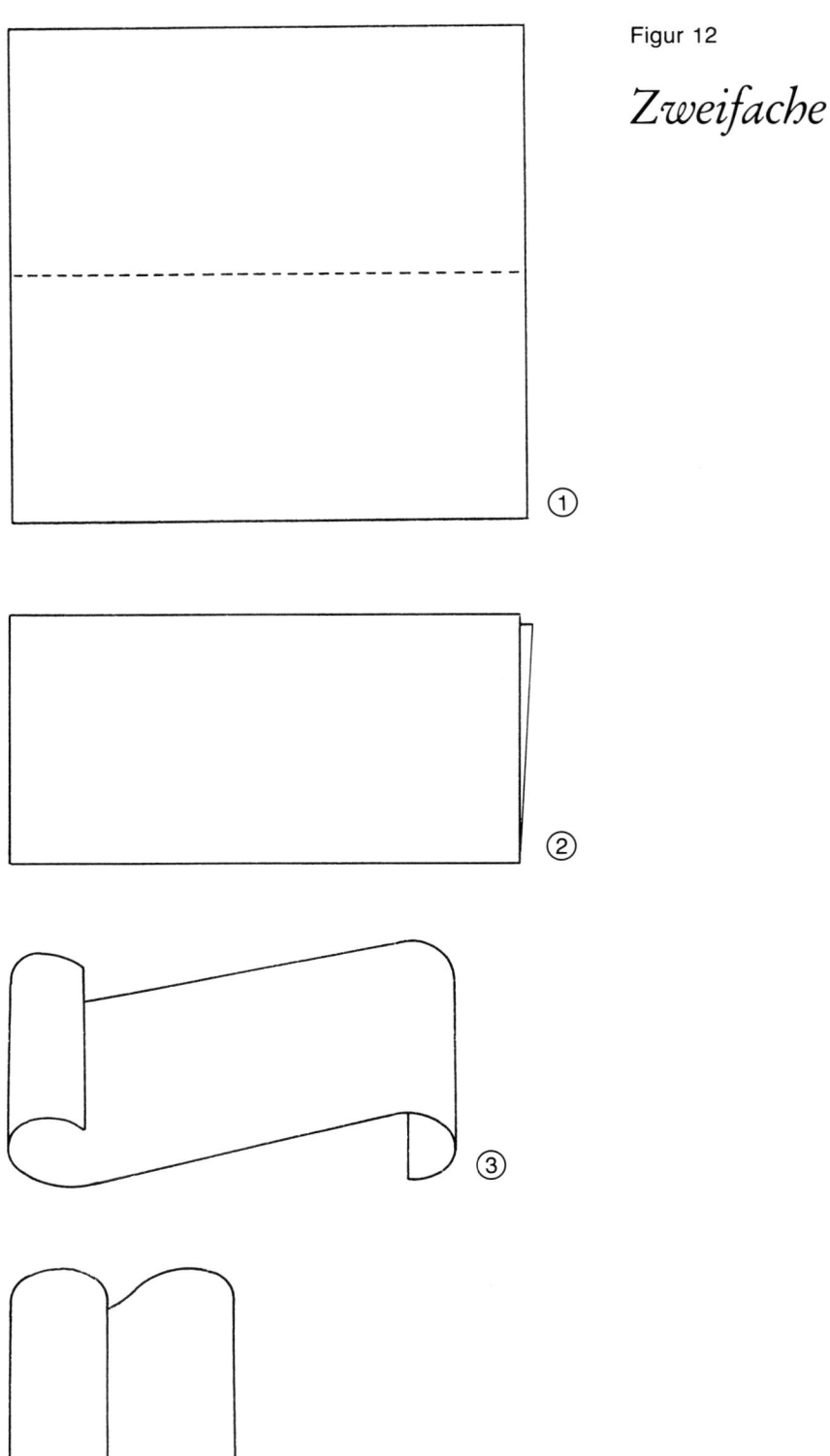

## Zweifache Welle

① Serviette in der Mitte brechen.

② Linke Kante nach vorne einrollen.

③ Rechte Kante nach hinten einrollen.

④ Fertige Figur.

Figur 13

## Brandung

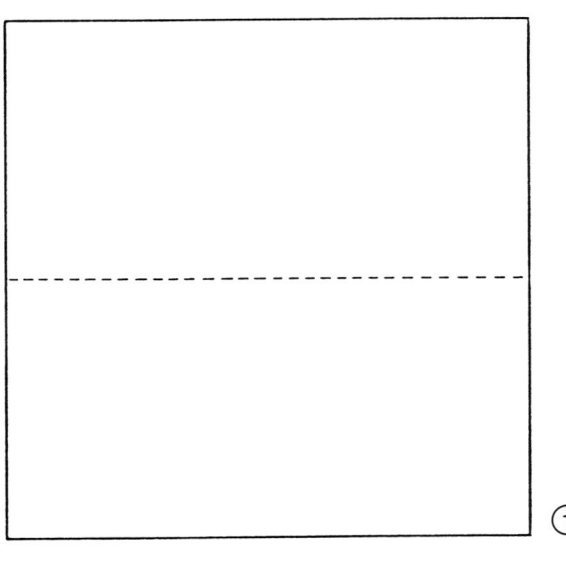

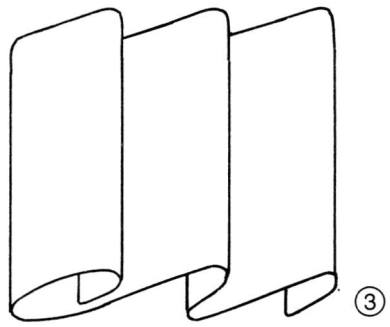

## Brandung

① Serviette in der Mitte brechen.

② Das rechte Ende der Serviette unterklappen, in der Mitte die Serviette etwas anheben und ausrunden, das linke Ende der Serviette nach oben einrollen.

③ Fertige Figur.

Figur 14

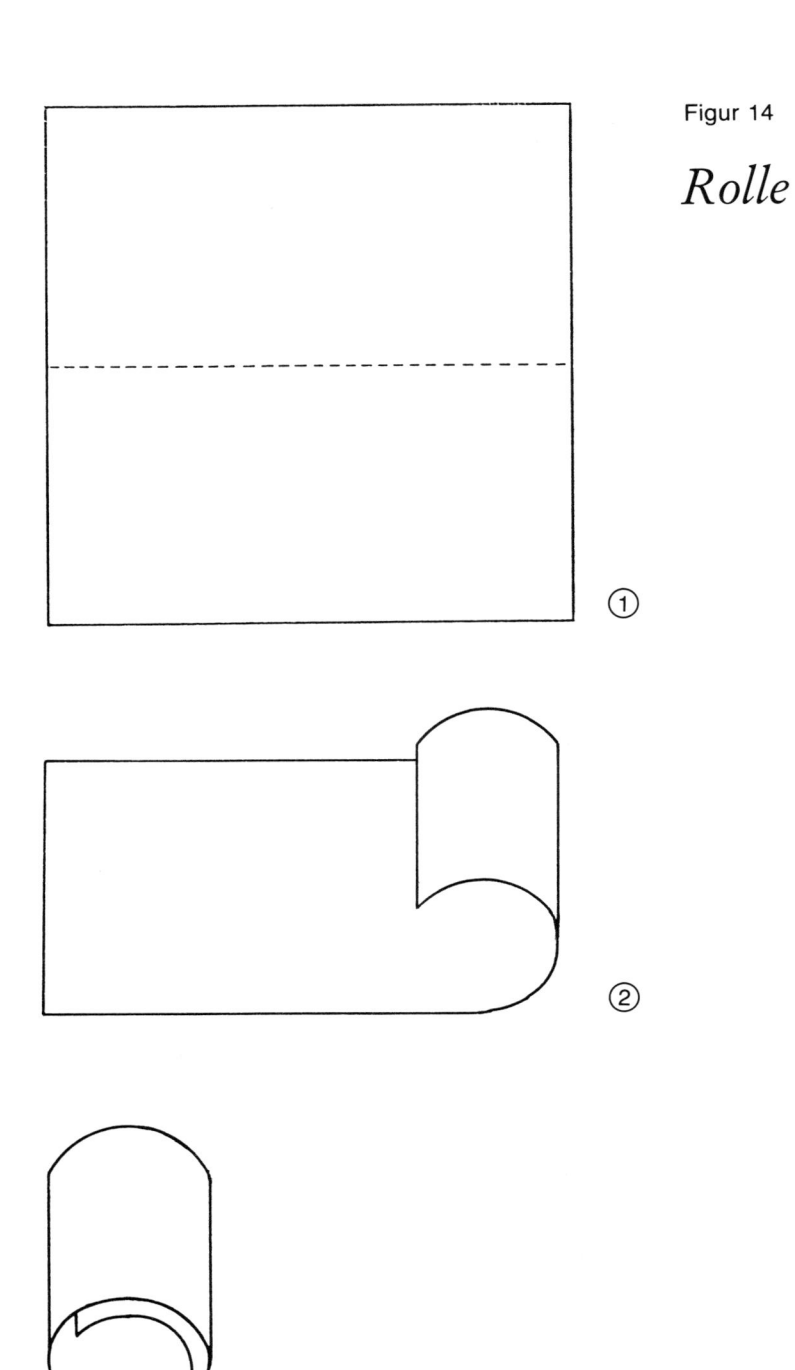

## Rolle

① 

② 

③

## Rolle

① Serviette in der Mitte brechen.

② Serviette von einer Seite her nach innen rollen.

③ Fertige Figur.

Diese Figur ist äußerst einfach herzustellen. Die Rolle wird auf den Deckteller oder neben die Bestecke gelegt. Stellen kann man diese Figur nicht, da sie sich sofort wieder entrollen würde.

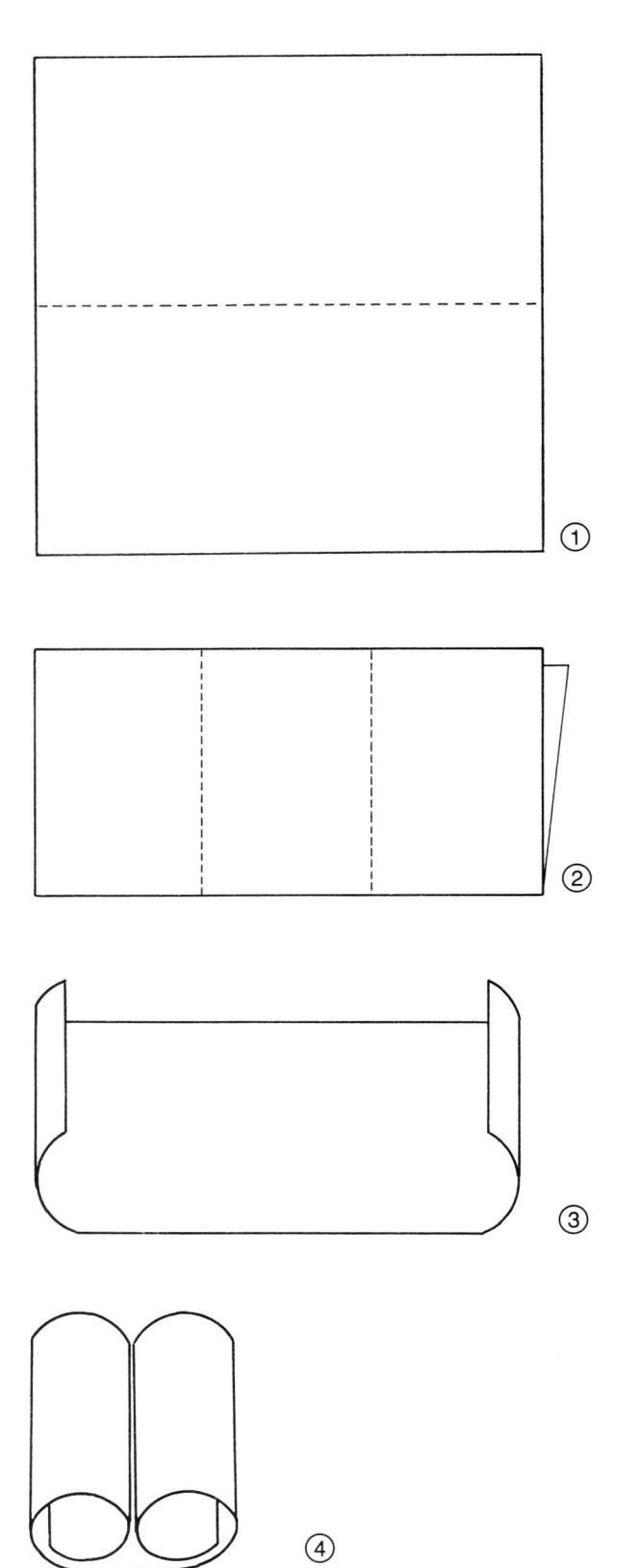

Figur 15

## Doppelrolle

① 

② 

③ 

④ 

38

## Doppelrolle

① Serviette in der Mitte brechen.

② Die beiden äußeren Drittel nach innen brechen, anschließend wieder aufklappen.

③ Die beiden äußeren Drittel nach innen rollen. Das mittlere Drittel bleibt flach liegen.

④ Fertige Figur.

Figur 16

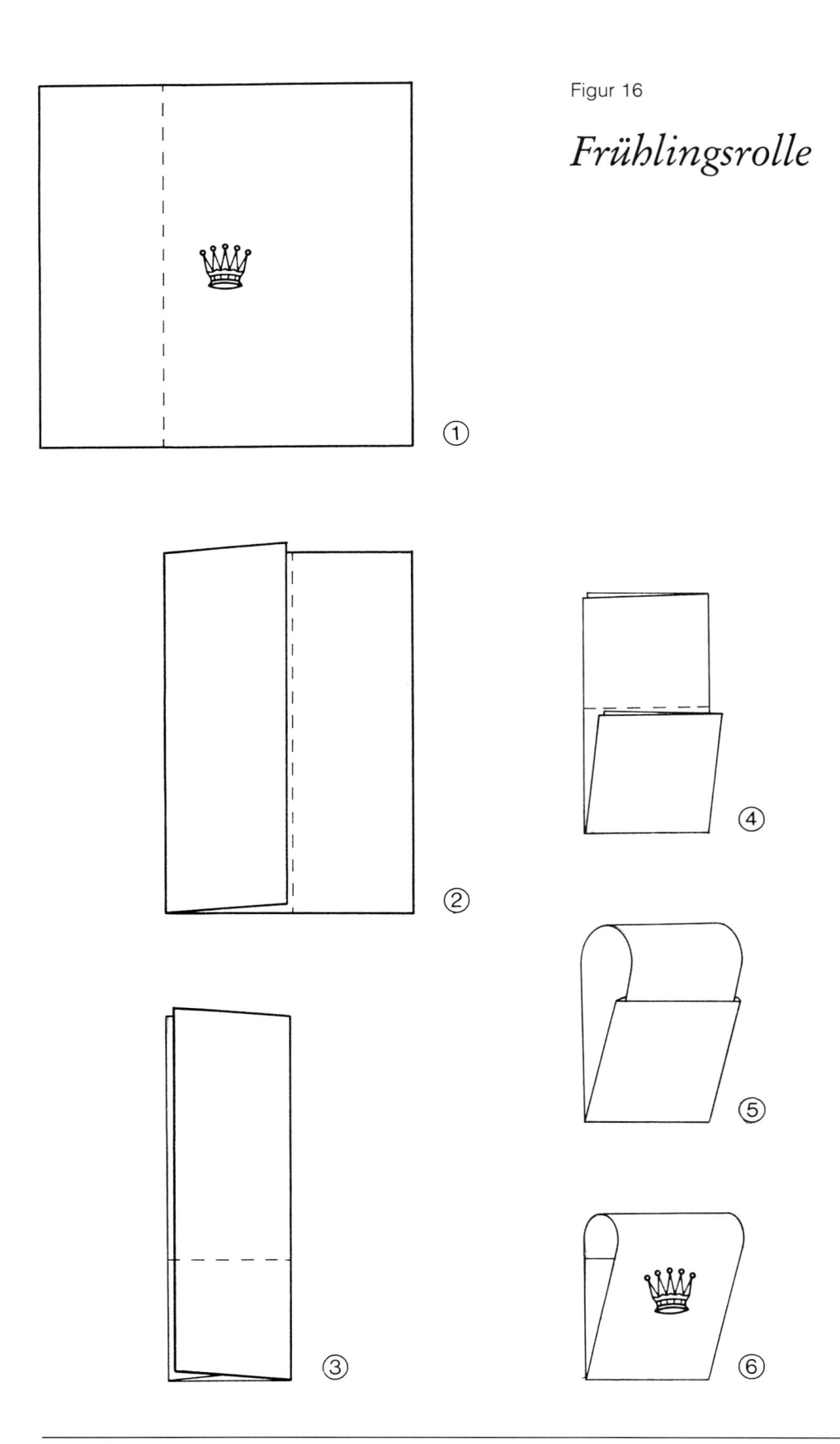

*Frühlingsrolle*

① ② ③ ④ ⑤ ⑥

## Frühlingsrolle

① Das linke Drittel der Serviette nach rechts brechen.

② Das rechte Drittel nach links brechen.

③ Von unten ein Drittel der Serviette nach oben brechen.

④ Von oben den freiliegenden Teil nach vorn biegen (nicht brechen) und in den anderen Teil stecken. Es muß eine Rundung entstehen.

⑤ Serviette umdrehen, so daß das runde Ende nach oben zu liegen kommt.

⑥ Fertige Figur.

Hinweis: Diese Figur eignet sich für Servietten mit Monogramm, das in der Mitte der Serviette angebracht ist. Dabei ist die Serviette vor dem Brechen mit der Vorderseite nach unten zu legen. Bei der fertigen Figur zeigt dann das Monogramm nach oben bzw. zum Gast.

Figur 17

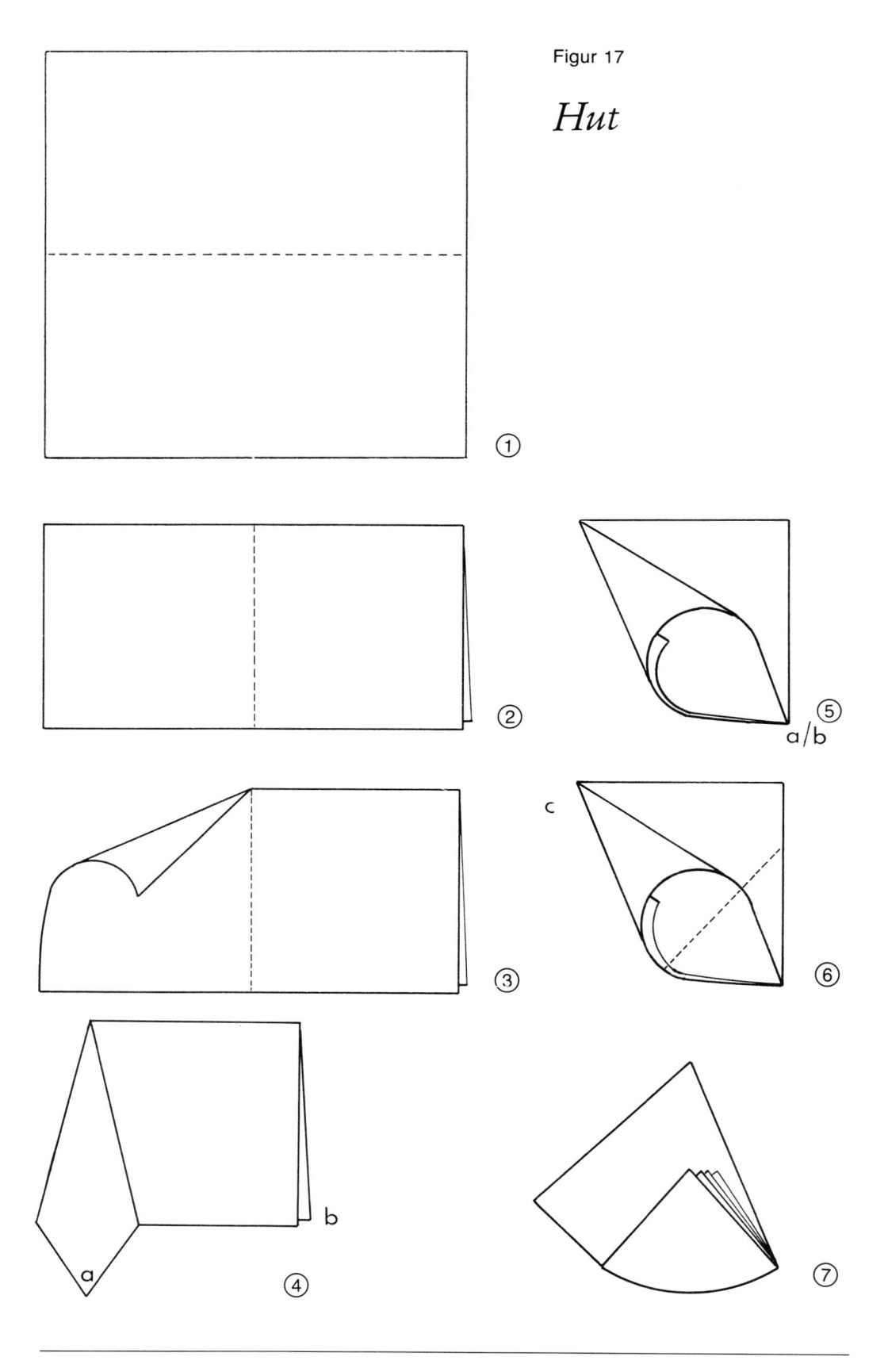

## Hut

42

## Hut

① Eine der häufigsten Serviettenformen, die man in der Gastronomie antrifft.
   Serviette in der Mitte nach unten brechen.

② Mitte markieren.

③ Linke Hälfte als Tüte zur Mitte hin einrollen.

④ Ecke a auf Ecke b legen.

⑤ Die aus vier Zipfeln bestehende Ecke a/b nach oben außen brechen.

⑥ Ecke c steht frei nach außen.
   Serviette etwas ausbeulen und aufstellen.

⑦ Fertige Figur.

Figur 18

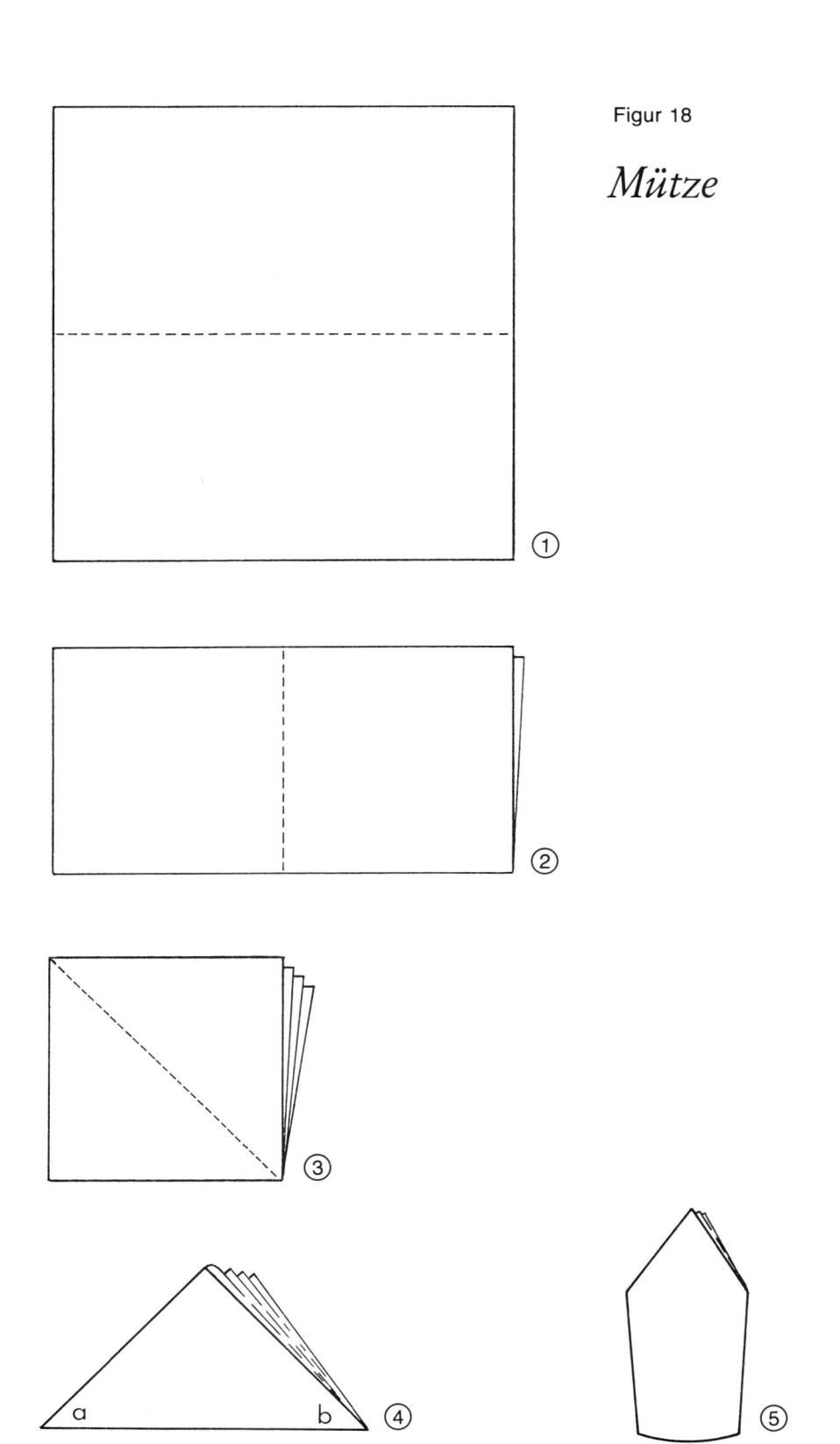

*Mütze*

44

## Mütze

① Serviette in der Mitte brechen.

② Vorgang wiederholen.

③ Quadrat diagonal zu einem Dreieck brechen.

④ Ecken a und b nach hinten ineinanderstecken.

⑤ Fertige Figur.

Figur 19

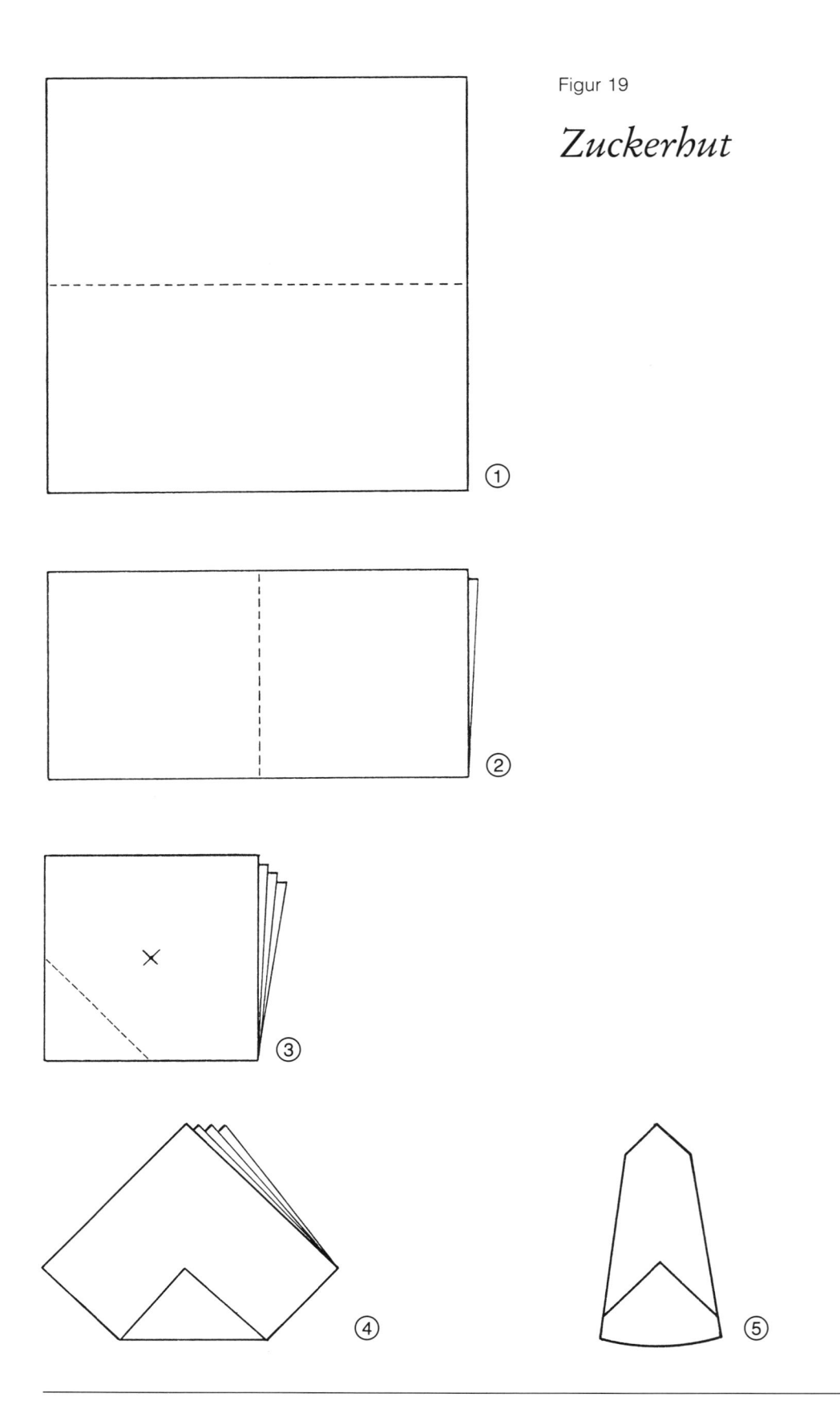

## Zuckerhut

46

## Zuckerhut

① Serviette in der Mitte brechen.

② Serviette nochmals in der Mitte brechen.

③ Die untere Spitze des Quadrats zur Mitte brechen.

④ Außenstehende Ecken nach hinten zusammenstecken.

⑤ Fertige Figur.

Figur 20

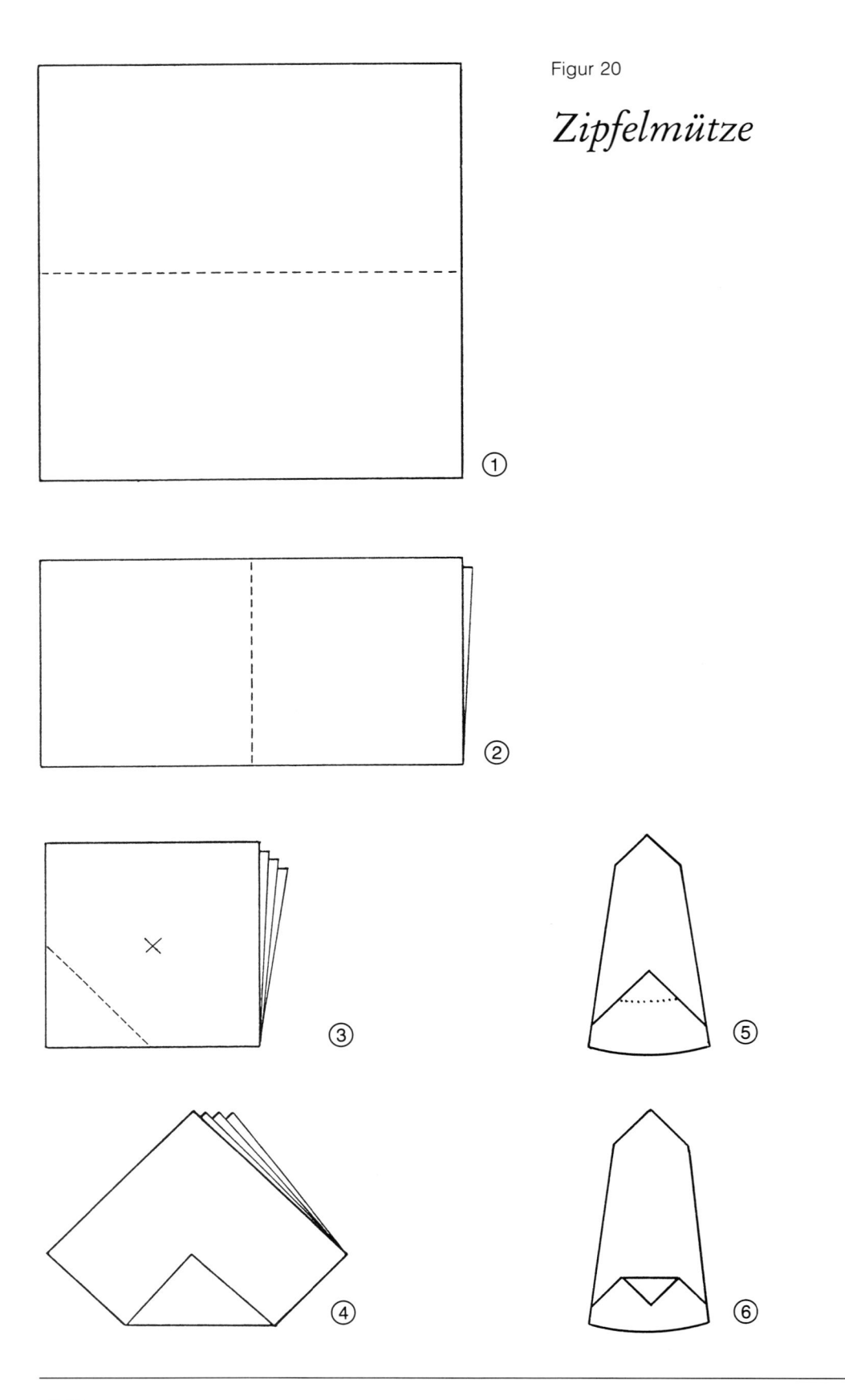

*Zipfelmütze*

48

## Zipfelmütze

① Serviette in der Mitte brechen.

② Serviette nochmals in der Mitte brechen.

③ Die untere Spitze des Quadrates zur Mitte brechen.

④ Außenstehende Ecken nach hinten zusammenstecken.

⑤ Die untere Spitze nach vorne brechen.

⑥ Fertige Figur.

Figur 21

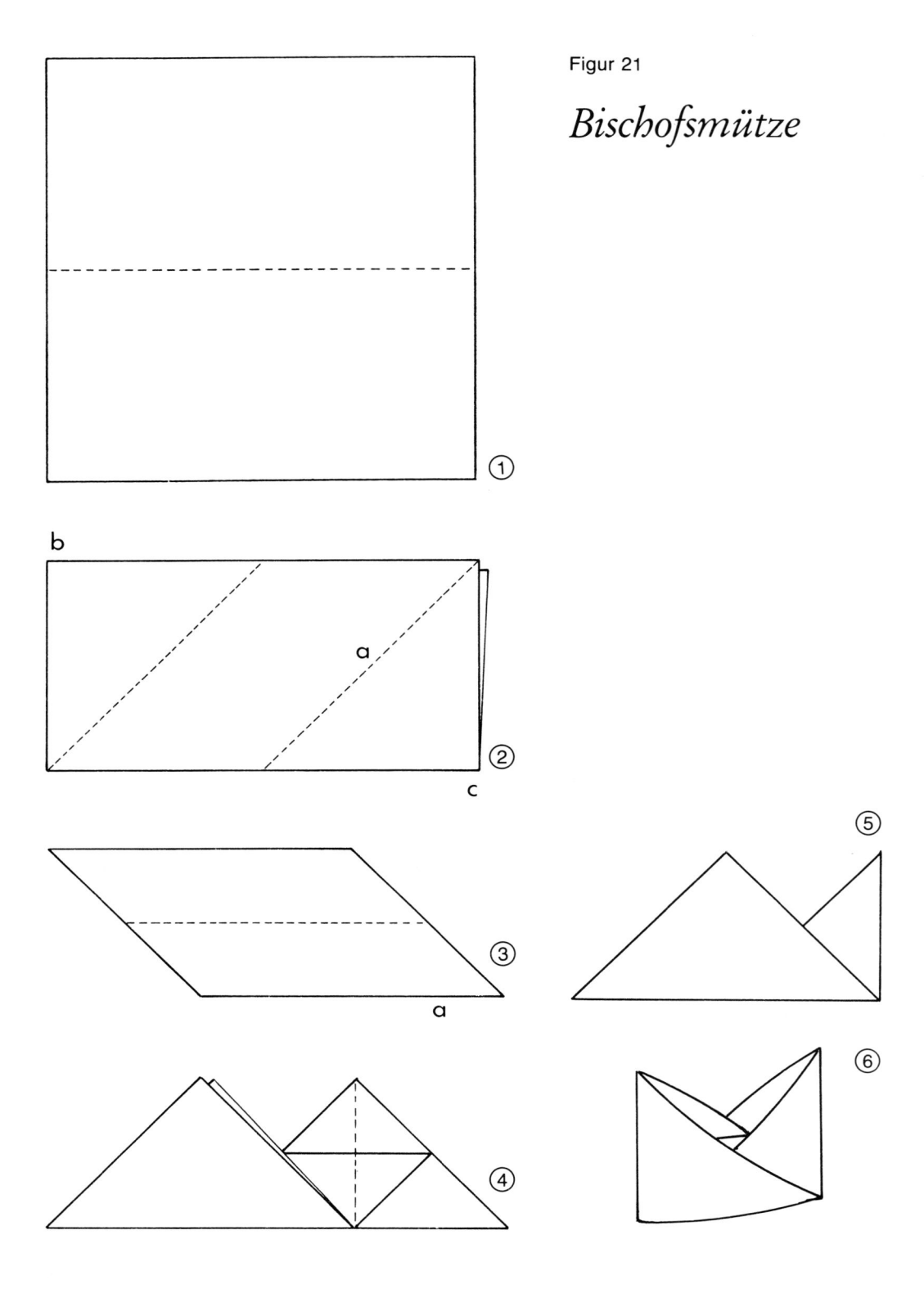

*Bischofsmütze*

50

## Bischofsmütze

① Serviette in der Mitte nach oben brechen.

② Ecken b und c schräg zur Mitte nach hinten brechen.
Die Serviette um 90° drehen, daß Kante a die Grundlinie wird.

③ Die Serviette der Länge nach brechen. Wenn man die Seite a hochklappt, kommt gleichzeitig das darunterliegende Dreieck mit hoch. Figur auf den Kopf drehen.

④ Das rechte Dreieck wird in der Mitte so nach vorn gebogen, daß die rechte Spitze hinter das linke Dreieck gesteckt werden kann.

⑤ Beim linken Dreieck wird die links unten liegende Spitze nach hinten gebogen und hinter das rechte Dreieck gesteckt.

⑥ Die Figur etwas ausbeulen und aufstellen.

Figur 22

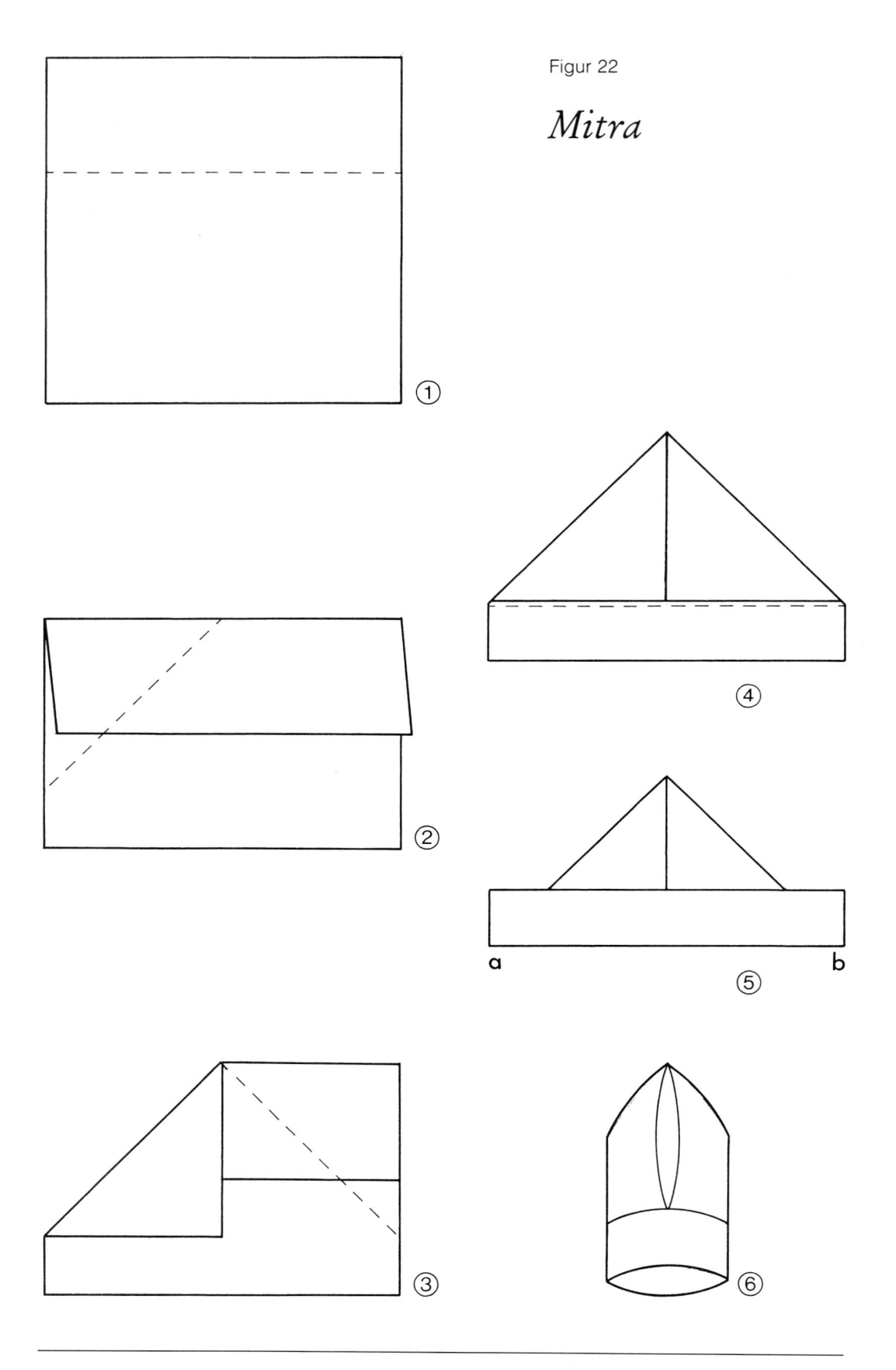

*Mitra*

a　　　　　b

## Mitra

① Serviette im oberen Drittel nach unten brechen.

② Die linke obere Ecke genau in der Mitte im rechten Winkel nach unten brechen.

③ Die rechte obere Ecke in der Mitte nach links unten brechen.

④ Den unten verbleibenden freien Streifen nach oben brechen.

⑤ Die ganze Serviette nach hinten biegen und die Enden des Streifens ineinanderstecken.

⑥ Fertige Figur.

Figur 23

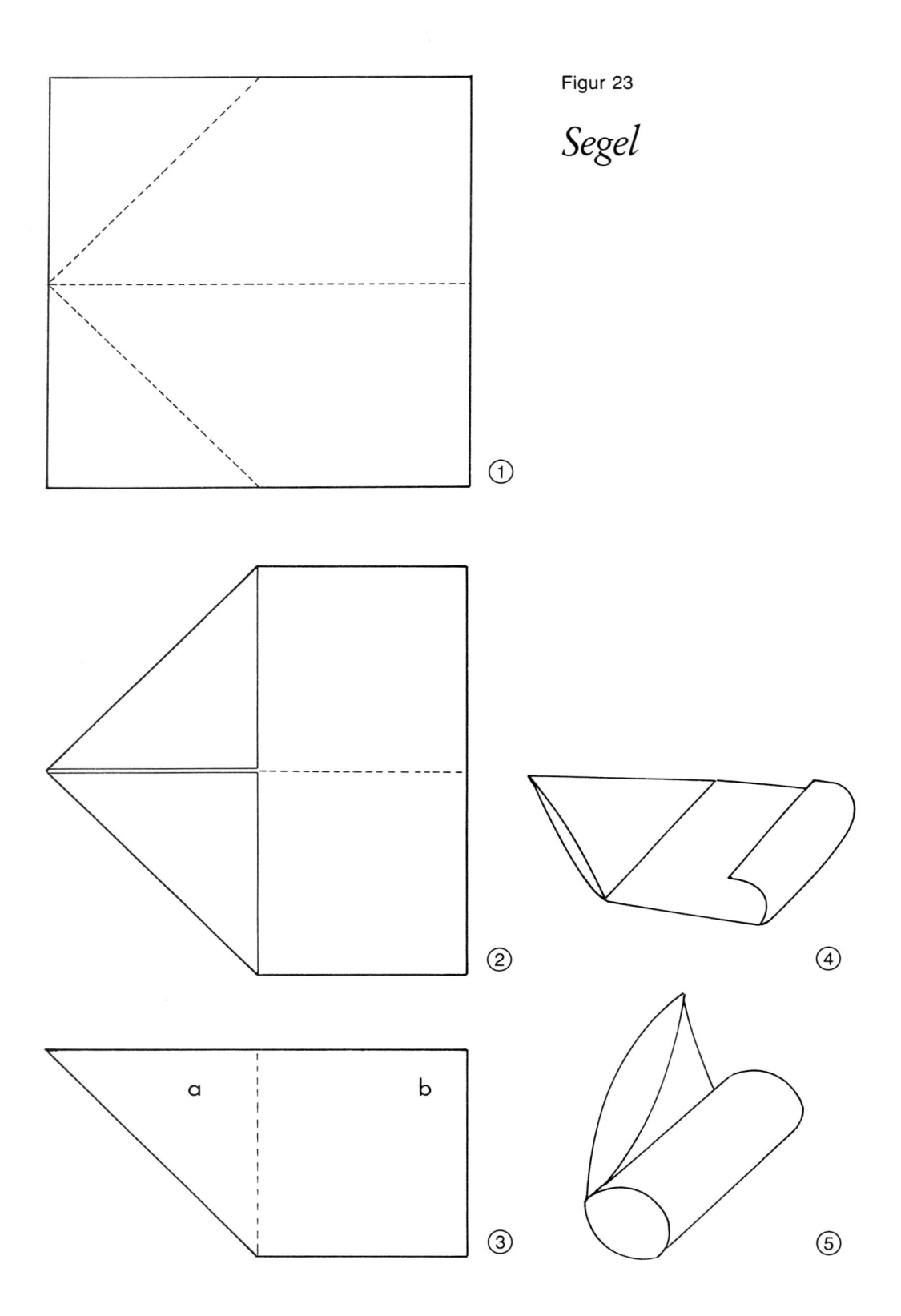

## Segel

① ② ③ ④ ⑤

a   b

## Segel

① Die linken zwei Ecken einer quadratischen Serviette zur Mitte brechen.

② Serviette in der Mitte nach unten brechen.

③ Rechte Seite b nach innen rollen.

④ Dreieck a (Segel) aufstellen. Die Rolle b stützt das Dreieck a.

⑤ Fertige Figur.

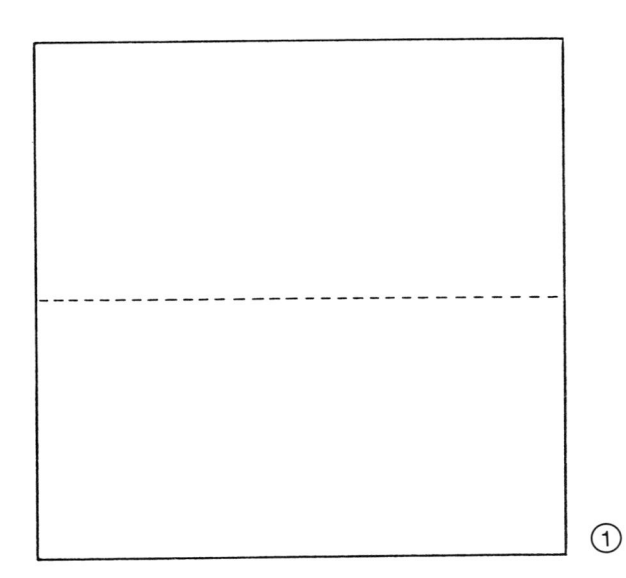

Figur 24

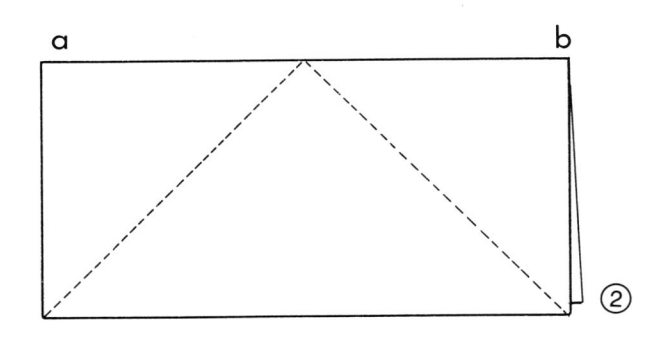

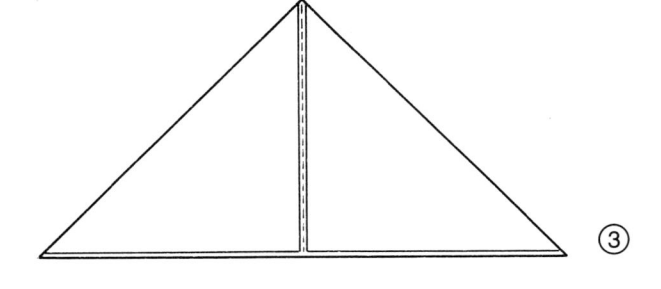

*Tafelspitz*

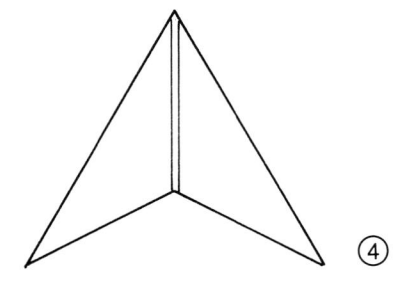

① 
② a   b
③
④

## Tafelspitz

① Serviette so in der Mitte brechen, daß die offene Seite nach unten weist.

② Ecken a und b jeweils diagonal auf die Grundlinie brechen.

③ Das entstandene Dreieck in der Mitte nach innen brechen. Serviette aufstellen.

④ Fertige Figur.

Figur 25

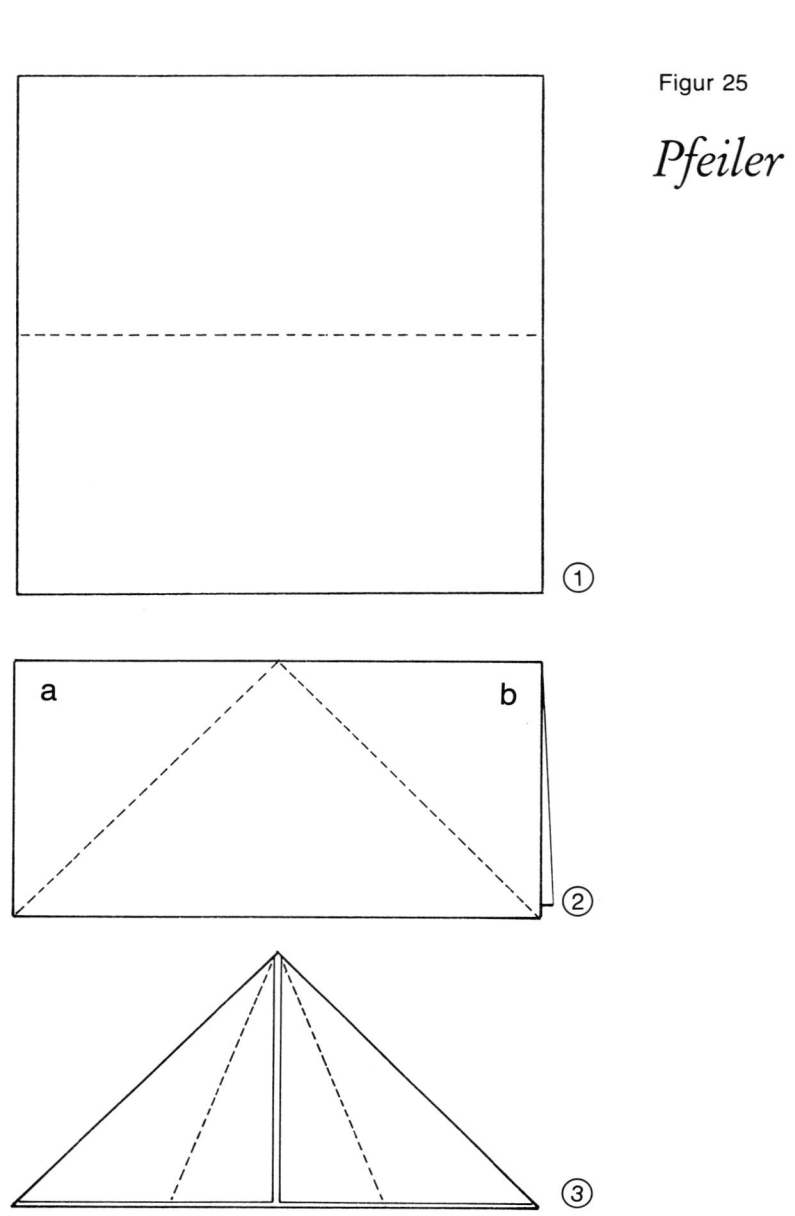

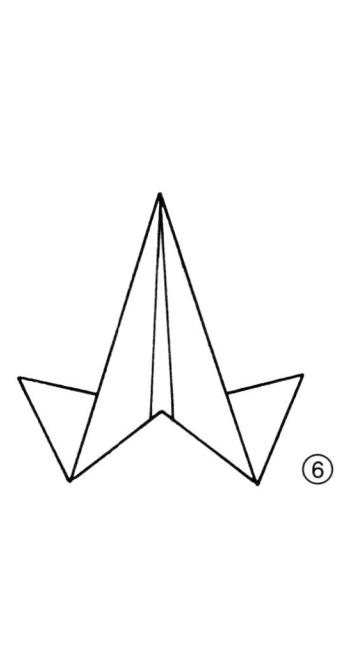

*Pfeiler*

58

## Pfeiler

① Serviette in der Mitte nach unten brechen.

② Ecken a und b auf die Grundlinie brechen.

③ Die beiden Seiten des Dreiecks nochmals zur Mitte hin brechen.

④ Es entsteht eine Drachenfigur. Die Ecken c und d nach hinten wegklappen.

⑤ Beide Flügelteile der Länge nach in der Mitte nach vorne brechen. Aufstellen.

⑥ Fertige Figur.

Figur 26

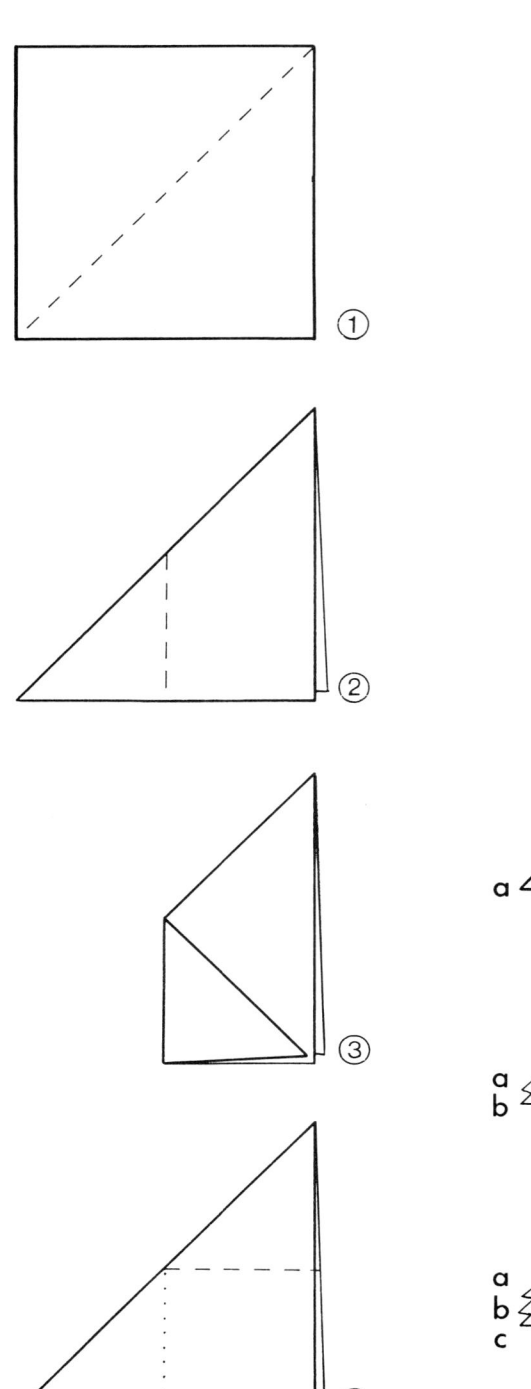

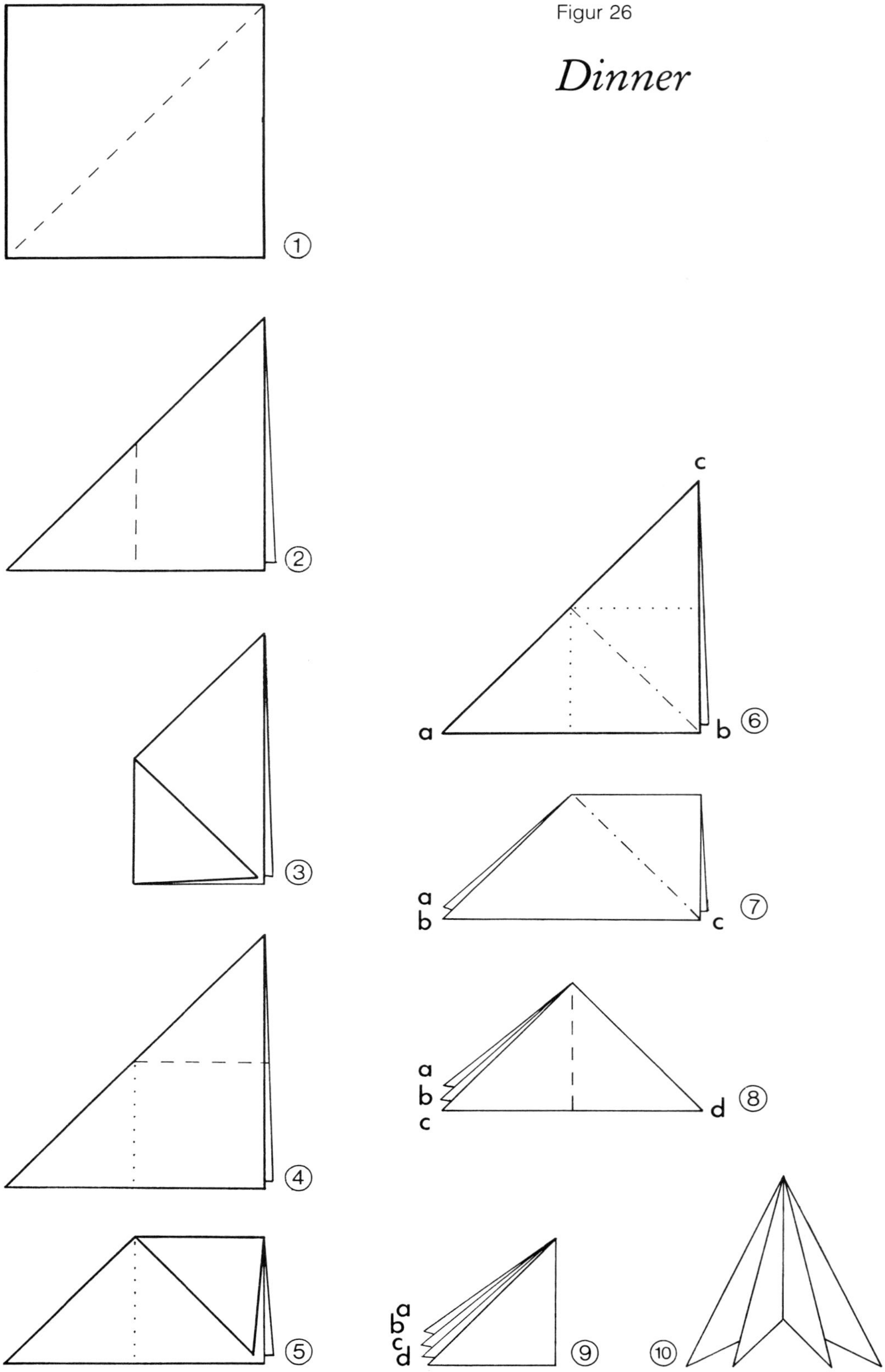

# Dinner

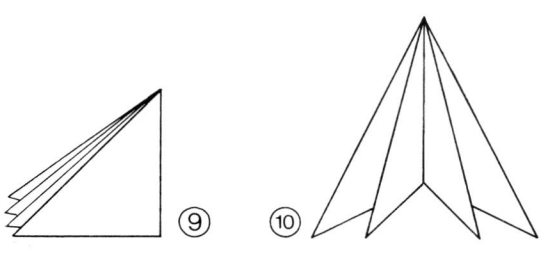

## Dinner

① Serviette diagonal nach rechts unten brechen.

② Linke Ecke der Serviette auf die rechte untere Ecke brechen.

③ Das dadurch entstandene Dreieck wieder zurückklappen.
   Der entstandene Bruch wird später benötigt.

④ Die obere Ecke auf die Ecke rechts unten brechen.

⑤ Das entstandene Dreieck ebenfalls wieder nach oben klappen.
   Auch dieser Bruch wird später benötigt.

⑥ Die obere Lage der Serviette mit der Ecke b auf Ecke a legen,
   dabei helfen die vorher gebildeten Brüche.

⑦ Jetzt wieder nur die obere Lage mit der Ecke c auf a/b legen.

⑧ Es liegen nun links die Ecken a, b und c aufeinander.
   Die Ecke d nun auf Ecke c brechen.

⑨ Alle 4 Ecken liegen richtig aufeinander. Serviette aufstellen.

⑩ Fertige Figur.

Figur 27

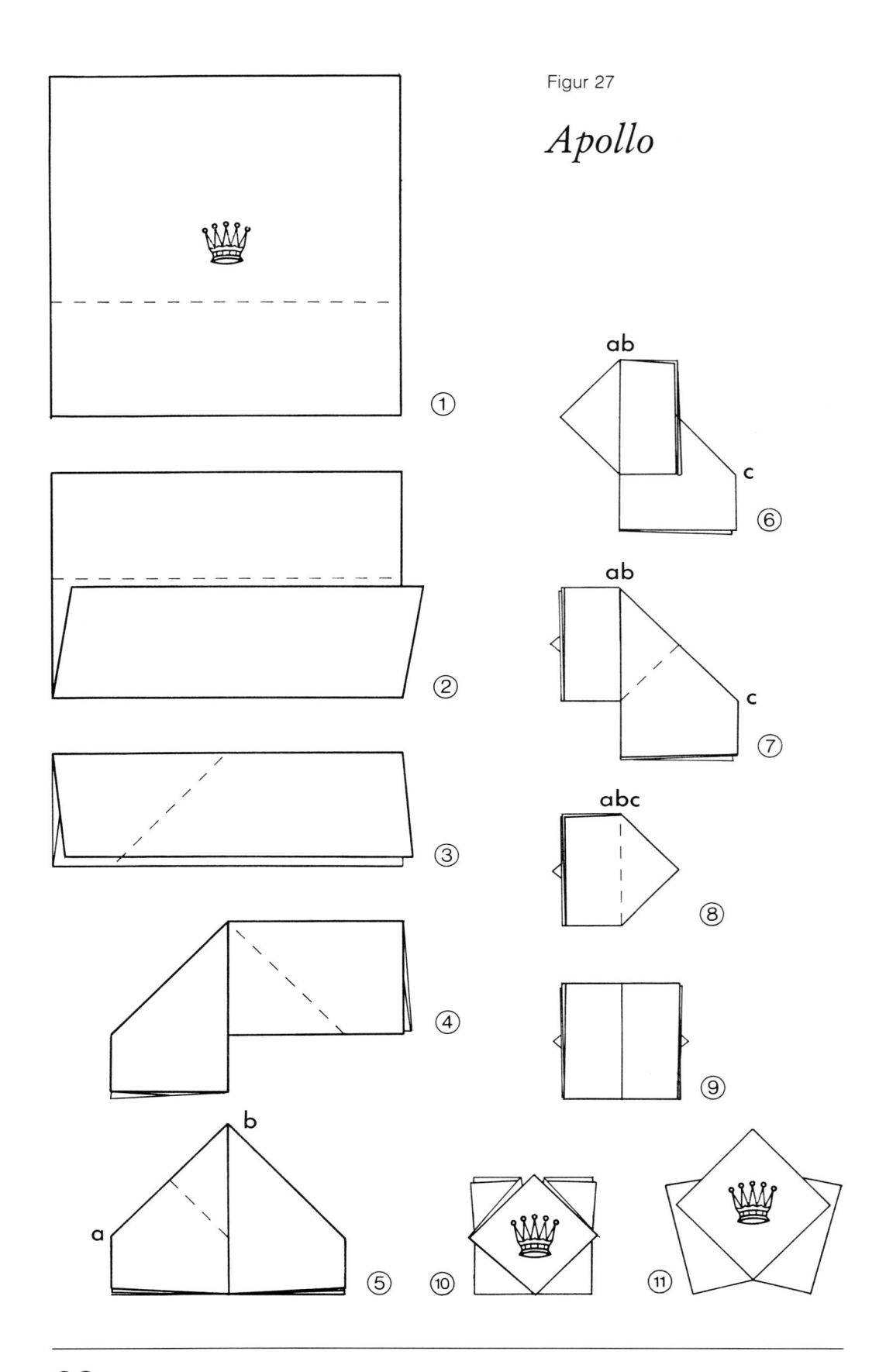

# *Apollo*

62

## Apollo

① Serviette im unteren Drittel nach oben brechen.
② Oberes Drittel der Serviette nach unten brechen.
③ Serviette an der linken Seite über den Mittelpunkt der Serviettenoberlinie nach unten brechen.
④ Gleicher Vorgang wie 3 mit der rechten Serviettenseite.
⑤ Linken Flügel so nach oben brechen, daß Ecke a auf Ecke b liegt.
⑥ Den überstehenden Streifen nach links brechen.
⑦ Rechten Flügel so brechen, daß Ecke c auf a/b zu liegen kommt.
⑧ Den überstehenden, obenauf liegenden Streifen nach rechts brechen.
⑨ Ganze Figur wenden.
⑩ Figur aufstellen, das nun oben liegende Quadrat etwas aufrichten.
⑪ Fertige Figur.

Hinweis: Diese Figur eignet sich für Servietten mit Monogramm, das in der Mitte der Serviette angebracht ist. Dabei ist vor dem Brechen die Serviette mit der Vorderseite nach unten zu legen. Bei der fertigen Figur 11 zeigt dann das Monogramm nach oben bzw. zum Gast.

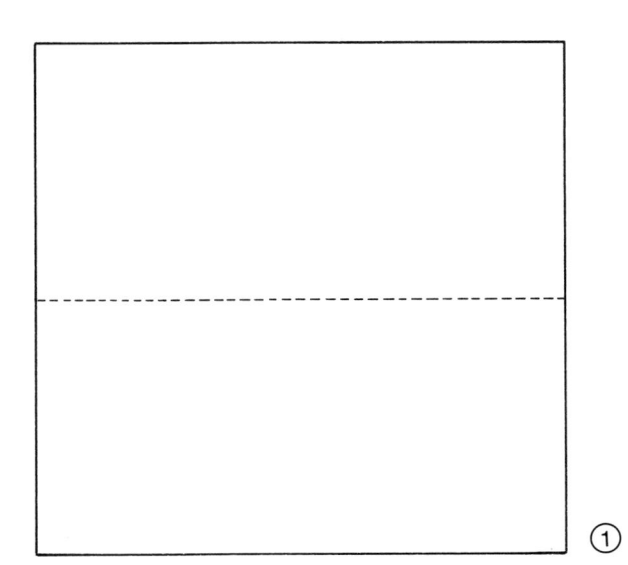

Figur 28

*Einfacher Fächer*

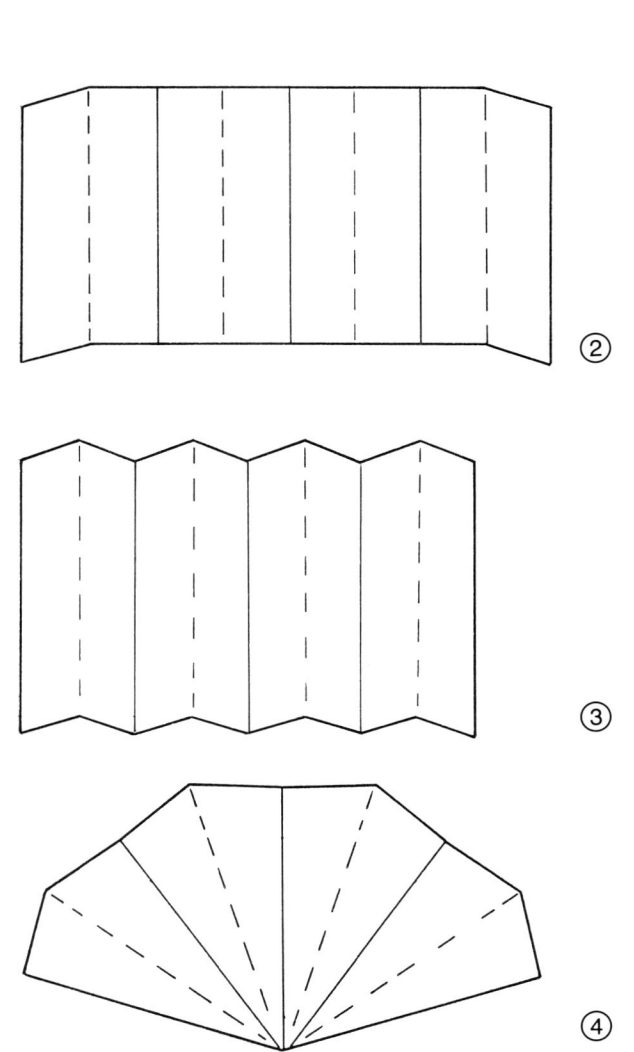

①

②

③

④

## Einfacher Fächer

① Quadratische Serviette in der Mitte nach unten brechen.

② In gleichmäßigen Abständen mehrmals abwechselnd nach vorn und hinten brechen (wie Ziehharmonika). Anschließend fest andrücken.

③ Die unteren Kanten fest zusammenhalten. Die oberen Kanten (geschlossene Seite) der Serviette auseinanderziehen.

④ Fertige Figur.

Figur 29

## Zweifacher Fächer

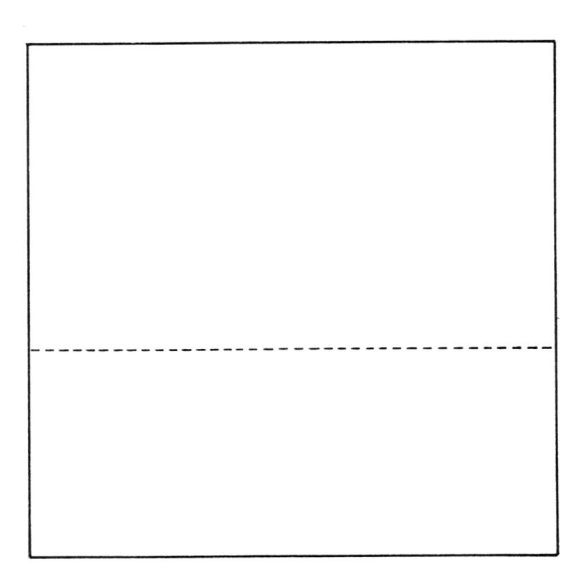

① 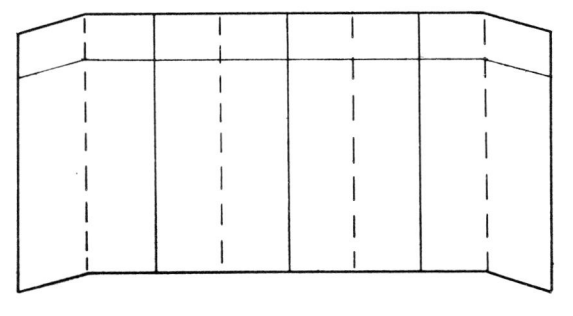 ② 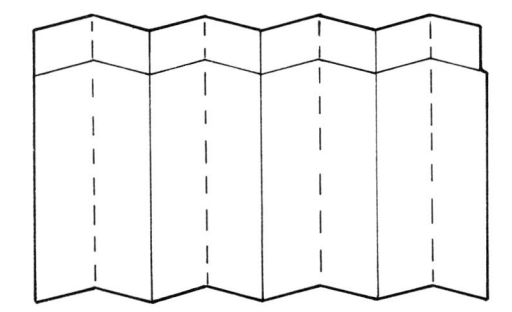 ③ 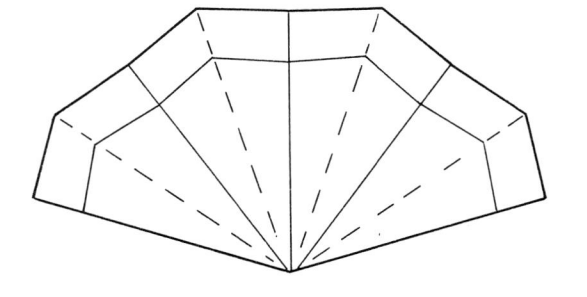 ④

## Zweifacher Fächer

① Quadratische oder rechteckige Serviette unterhalb der Mittellinie nach oben brechen.

② Die Serviette in gleichen Abständen mehrmals abwechselnd nach vorn und hinten brechen (Ziehharmonika). Danach fest andrücken.

③ Serviette am oberen Ende auseinanderziehen. Das untere Ende muß zusammenbleiben.

④ Fertige Figur.

Figur 30

*Zweifacher Fächer mit Spitzen*

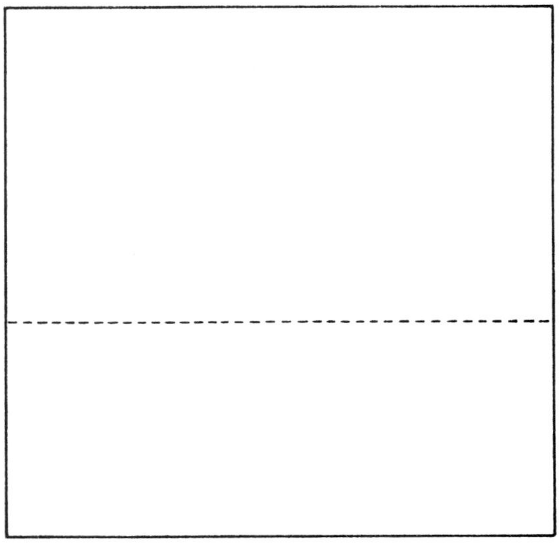

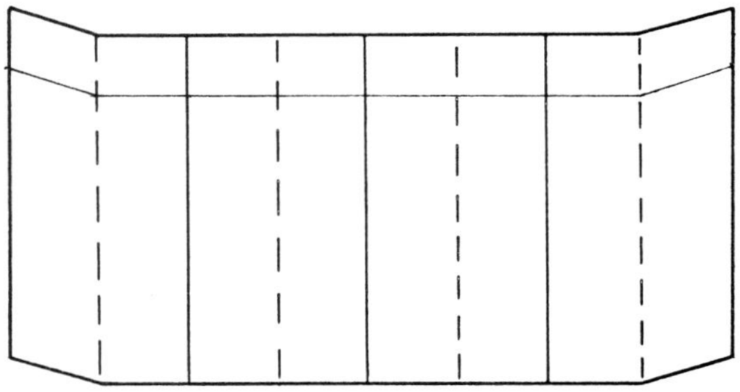

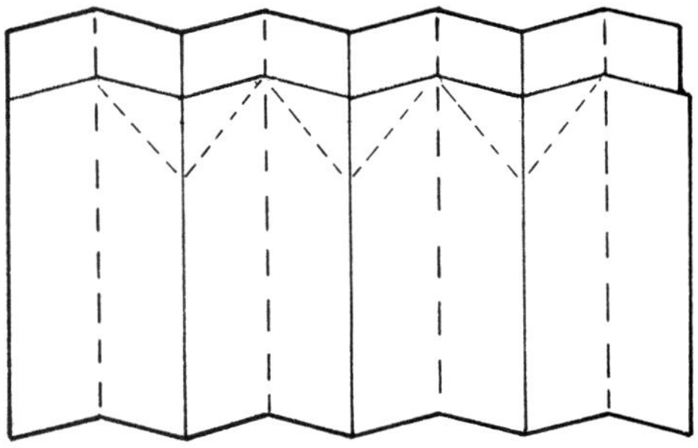

68

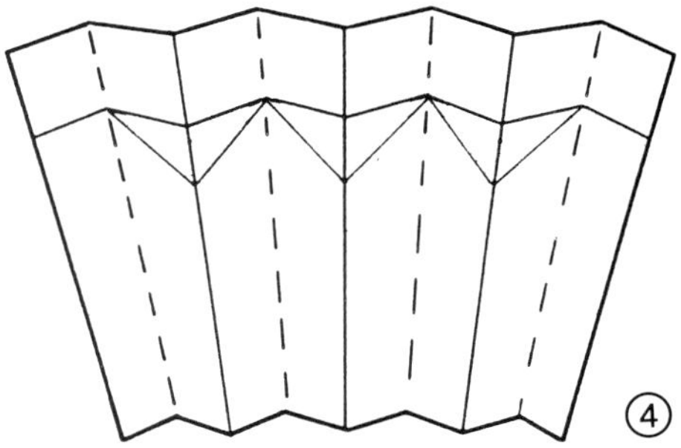

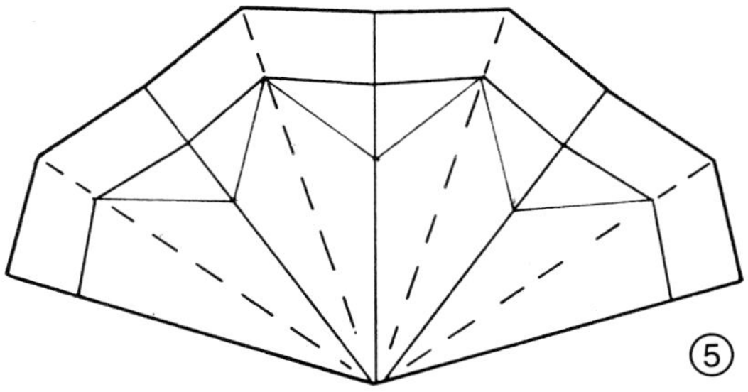

## Zweifacher Fächer mit Spitzen

① Quadratische oder rechteckige Serviette unterhalb der Mittellinie nach oben brechen.

② Die Serviette in gleichen Abständen mehrmals abwechselnd nach vorn und hinten brechen (Ziehharmonika). Danach fest andrücken.

③ Die inneren Kappen des vorderen Fächerblattes vorsichtig nach außen brechen. Danach fest andrücken.

④ Serviette am oberen Ende auseinanderziehen. Das untere Ende muß zusammenbleiben.

⑤ Fertige Figur.

Figur 31

*Dreifacher Fächer*

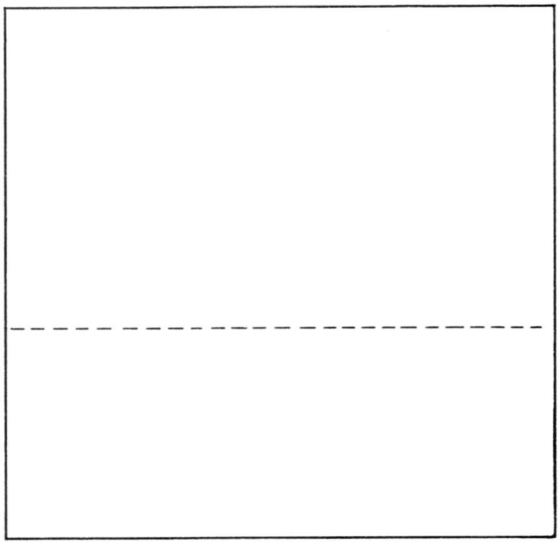

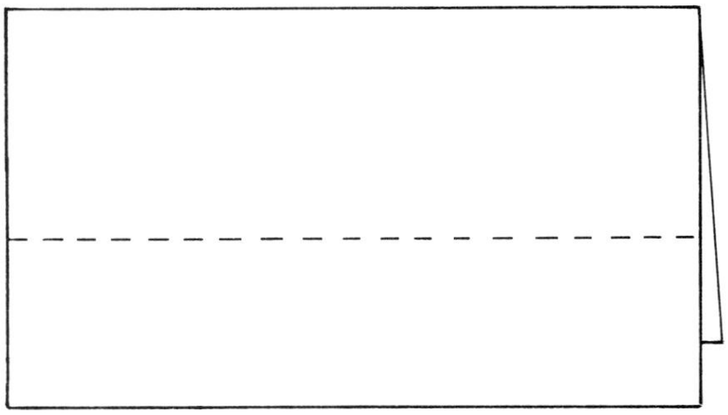

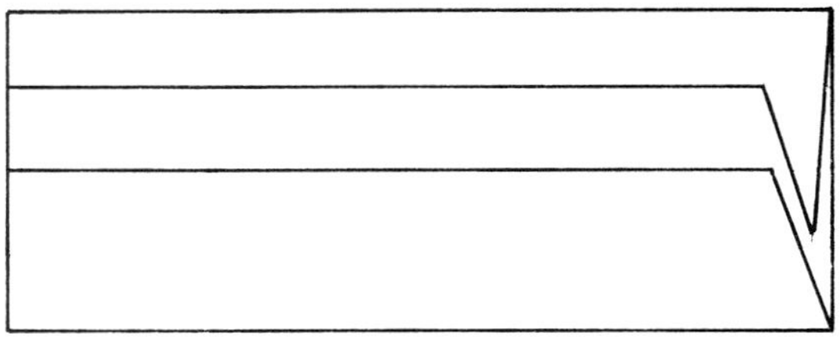

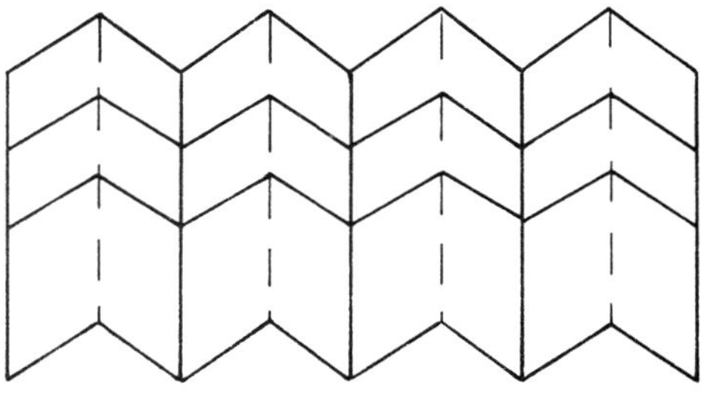

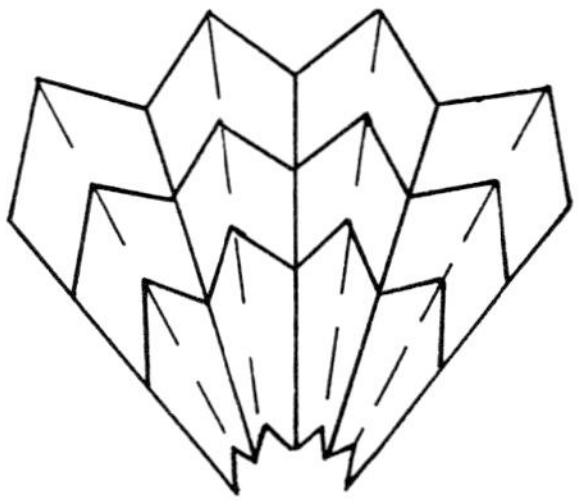

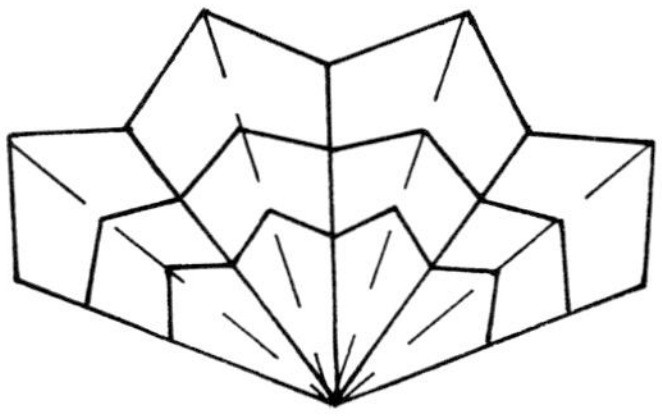

## Dreifacher Fächer

① Quadratische oder rechteckige Serviette unterhalb der Mittellinie nach unten brechen.

② Beide Lagen der Serviette unterhalb der jetzigen Mittellinie nach oben brechen.

③ Es entsteht eine Treppe mit gleichen Abständen.

④ Die Serviette in gleichen Abständen mehrmals abwechselnd nach vorn und hinten brechen (Ziehharmonika). Danach fest andrücken.

⑤ Serviette am oberen Ende auseinanderziehen. Das untere Ende muß zusammenbleiben.

⑥ Fertige Figur.

Figur 32

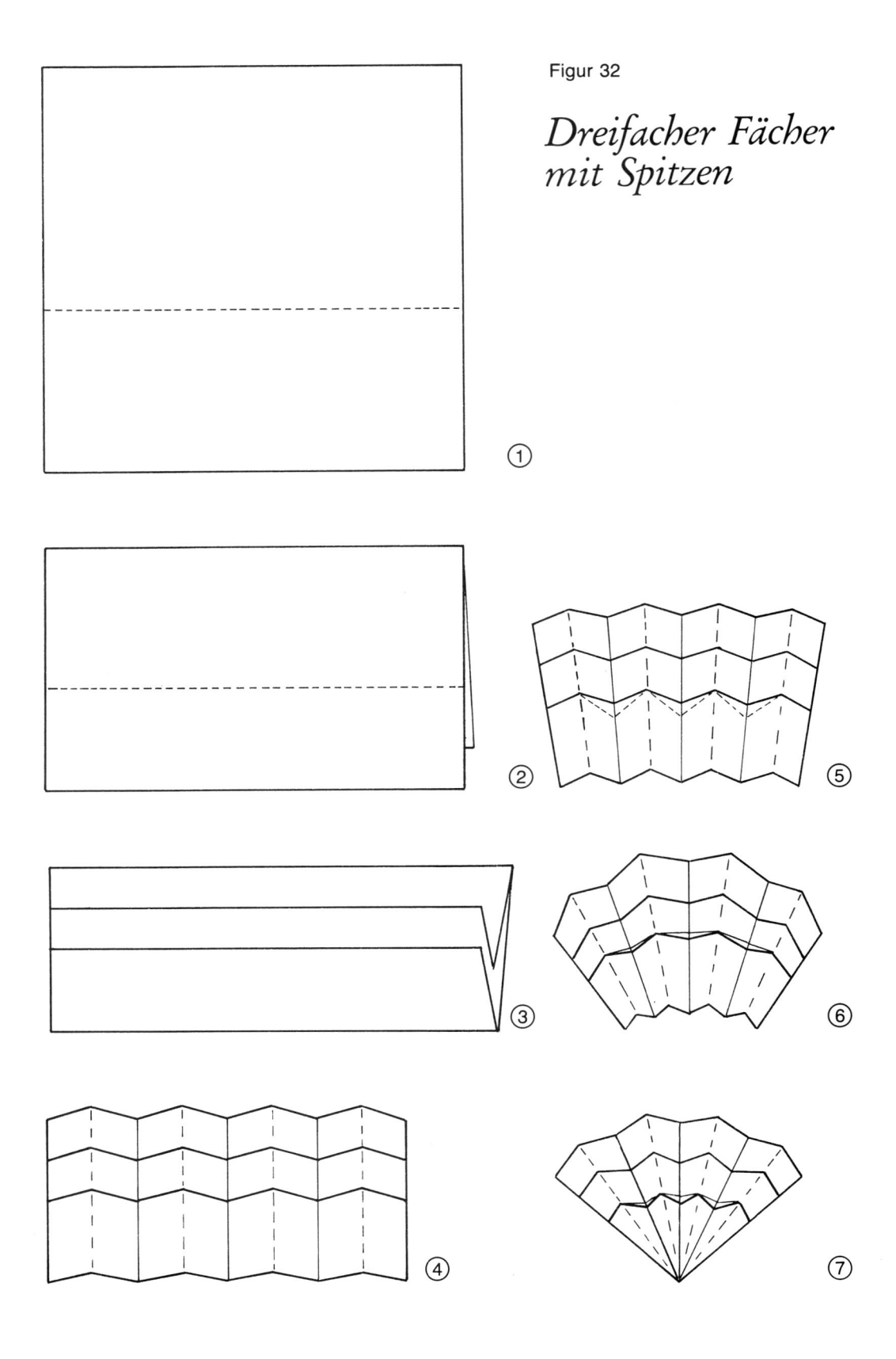

*Dreifacher Fächer mit Spitzen*

## Dreifacher Fächer mit Spitzen

① Quadratische oder rechteckige Serviette unterhalb der Mittellinie nach unten brechen.

② Beide Lagen der Serviette unterhalb der jetzigen Mittellinie nach oben brechen.

③ Es entsteht eine Treppe mit gleichen Abständen.

④ Die Serviette in gleichen Abständen mehrmals abwechselnd nach vorn und hinten brechen (Ziehharmonika). Danach fest andrücken.

⑤ Die inneren Kappen des vorderen Fächerblattes vorsichtig nach außen brechen. Wieder fest andrücken.

⑥ Serviette unten zusammenhalten und oben auseinanderziehen.

⑦ Fertige Figur.

Figur 33

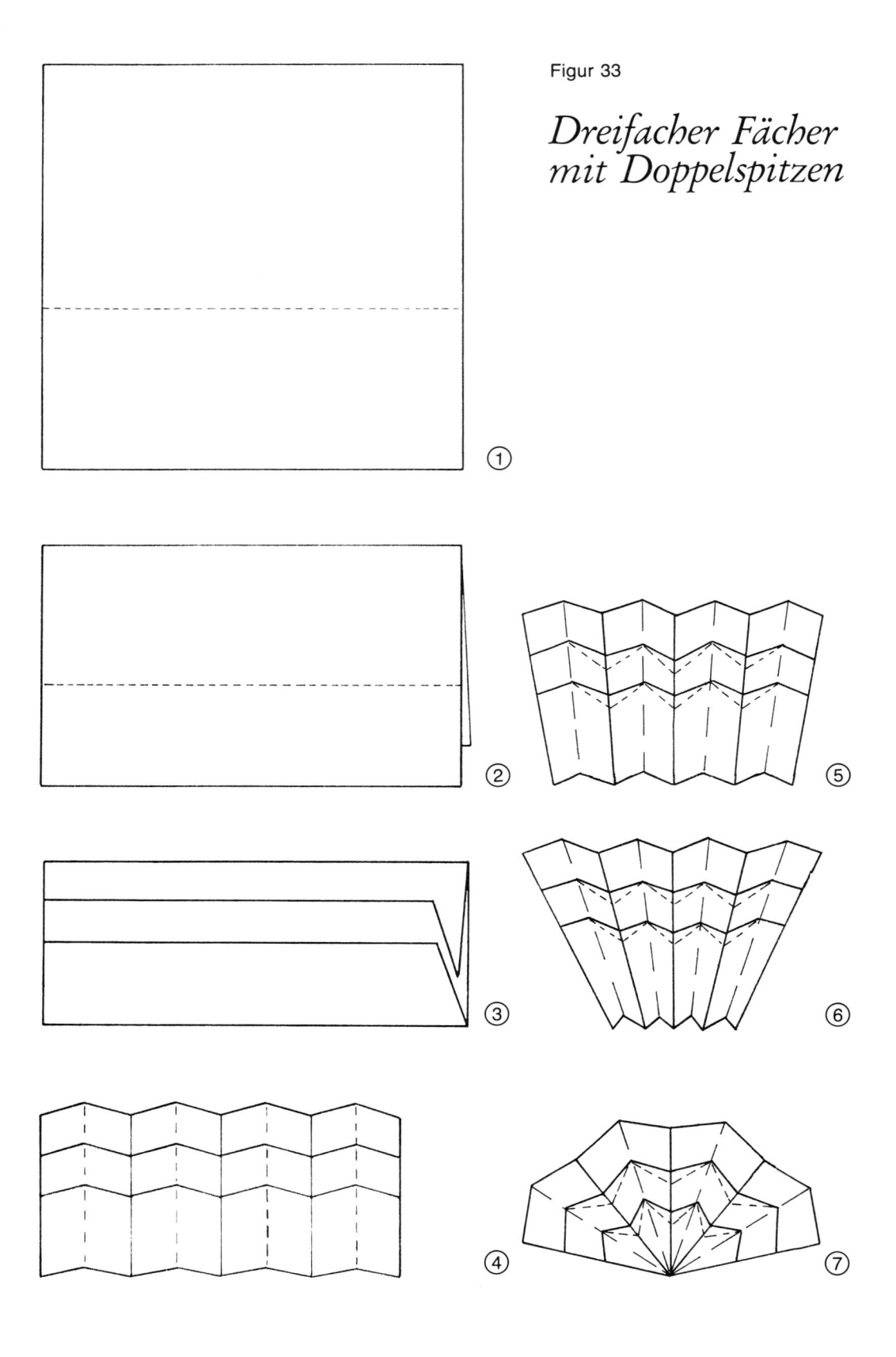

*Dreifacher Fächer mit Doppelspitzen*

74

## Dreifacher Fächer mit Doppelspitzen

① Quadratische oder rechteckige Serviette unterhalb der Mittellinie nach unten brechen.

② Beide Lagen der Serviette unterhalb der jetzigen Mittellinie nach oben brechen.

③ Es entsteht eine Treppe mit gleichen Abständen.

④ Die Serviette in gleichen Abständen mehrmals abwechselnd nach vorn und hinten brechen. Danach fest andrücken.

⑤ Die inneren Kappen des vorderen und des mittleren Fächerblattes vorsichtig nach außen brechen. Wieder fest andrücken.

⑥ Serviette am unteren Ende zusammenhalten und oben auseinanderziehen.

⑦ Fertige Figur.

Figur 34

*Zweifarbiger Fächer*

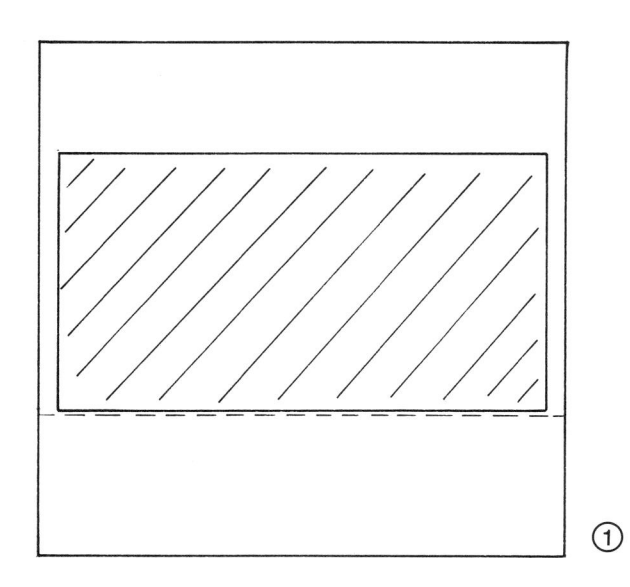

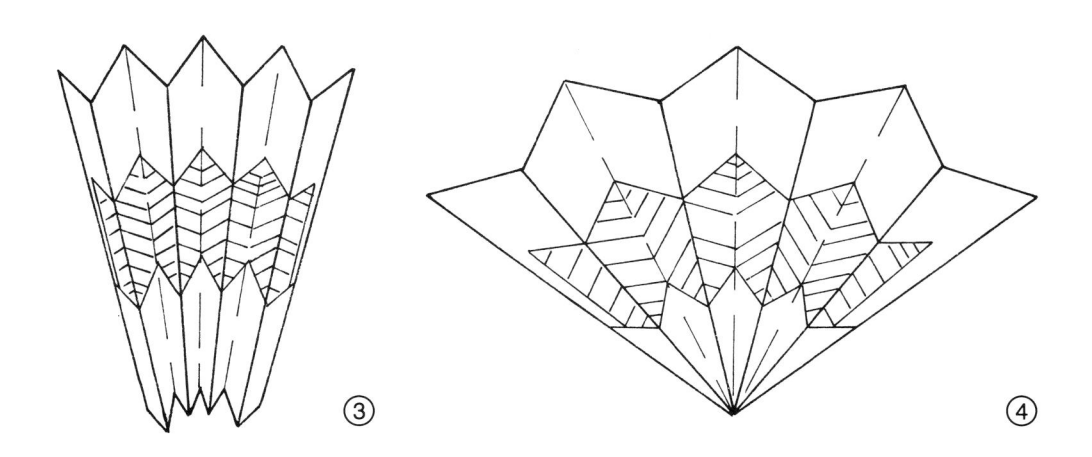

① 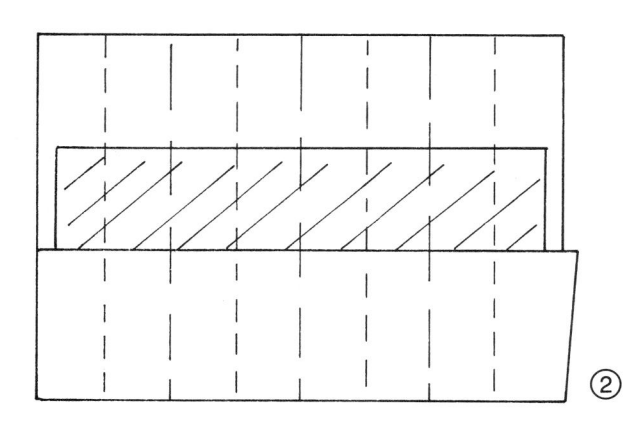 ② ③ ④

## Zweifarbiger Fächer

① Auf eine ausgebreitete Serviette legt man eine halbierte, andersfarbige Serviette so auf, daß sie etwa zwei Zentimeter unter dem oberen Rand liegt. Danach bricht man den unteren Teil der Serviette so nach oben, so daß von der andersfarbigen Serviette wiederum etwa zwei Zentimeter unbedeckt bleiben.

② Die gebrochenen Servietten abwechselnd nach vorn und hinten brechen (Ziehharmonika). Fest andrücken.

③ Serviette am oberen Ende auseinanderziehen. Das untere Ende muß zusammenbleiben.

④ Fertige Figur.

Hinweis: In der Praxis wird man diese Figur gerne als Schauobjekt auf einem Büfett aufbauen. Für den Gebrauch durch den Gast ist diese Figur nicht sonderlich geeignet, da beim Auseinanderbrechen zwei Servietten vor dem Gast liegen.

Figur 35

*Asiatischer Fächer*

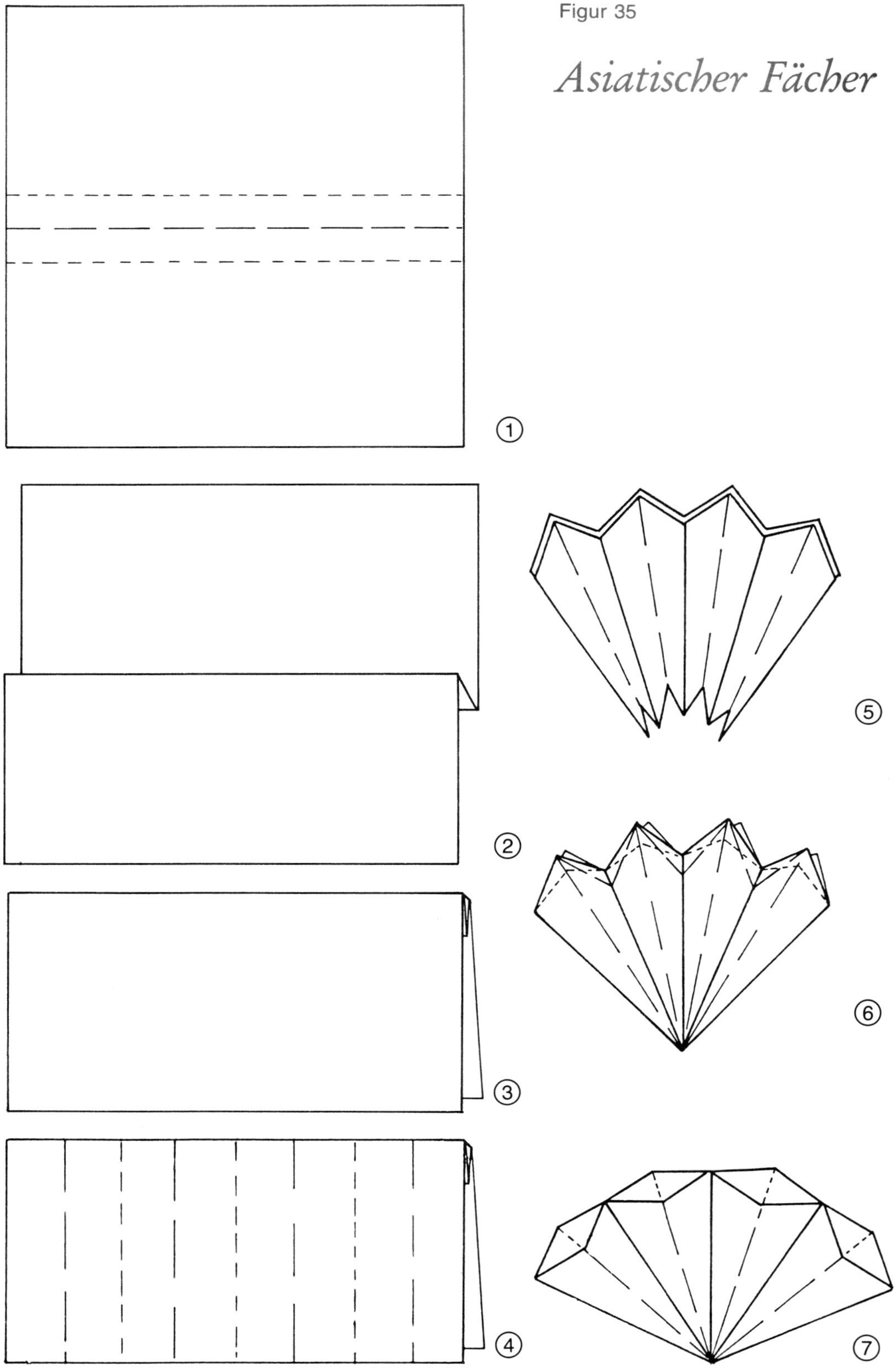

① ② ③ ④ ⑤ ⑥ ⑦

## Asiatischer Fächer

① Serviette in der Mitte nach oben brechen.

② Oberes Blatt etwa zwei Zentimeter von der Mitte nach unten zurückbrechen.

③ Unteres Blatt ebenfalls zwei Zentimeter von der Mitte zurückbrechen.

④ Serviette pressen und abwechselnd nach innen und außen brechen (Ziehharmonika). Danach fest andrücken.

⑤ Serviette am oberen Ende etwas auseinanderziehen, aber nicht zu weit! Das untere Ende muß zusammengehalten werden.

⑥ Die nach innen weisenden Ecken des vorderen Blattes vorsichtig nach außen brechen. Serviette drehen und auf dieser Seite gleich verfahren. Serviette wieder fest andrücken, danach am oberen Ende auseinanderziehen. Das untere Ende muß zusammenbleiben.

⑦ Fertige Figur.

Figur 36

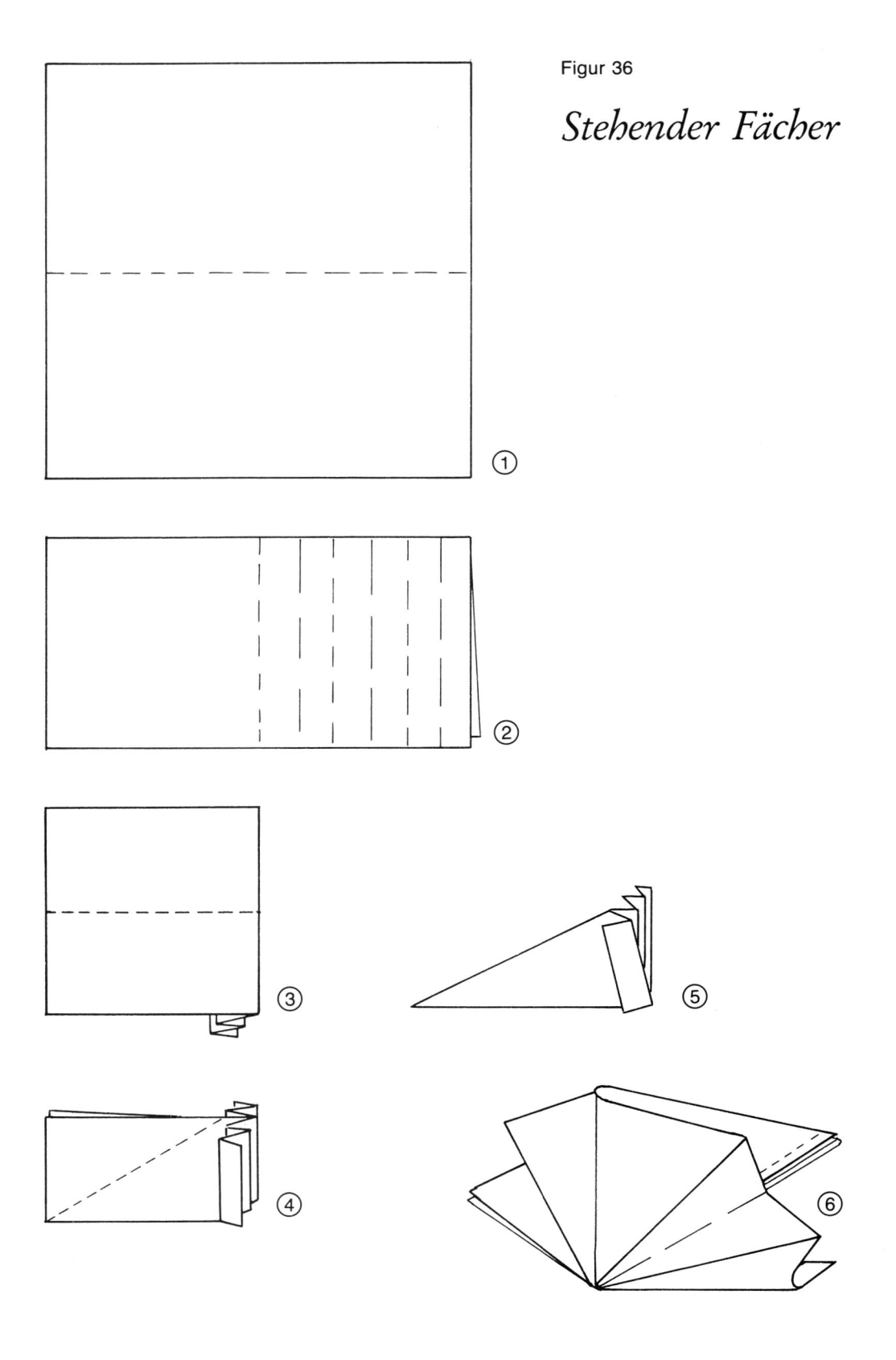

## Stehender Fächer

## Stehender Fächer

① Serviette in der Mitte nach unten brechen.

② Von rechts etwas mehr als die Hälfte der Serviette in gleichen Abständen nach vorne und hinten brechen.

③ Serviette in der Mitte nach oben brechen, so daß der gebrochene Teil außen liegt.

④ Das glatte Rechteck schräg brechen, so daß eine Stütze entsteht.

⑤ Gebrochenen Teil zum Fächer auseinanderfallen lassen. Serviette steht von selbst.

⑥ Fertige Figur.

Figur 37

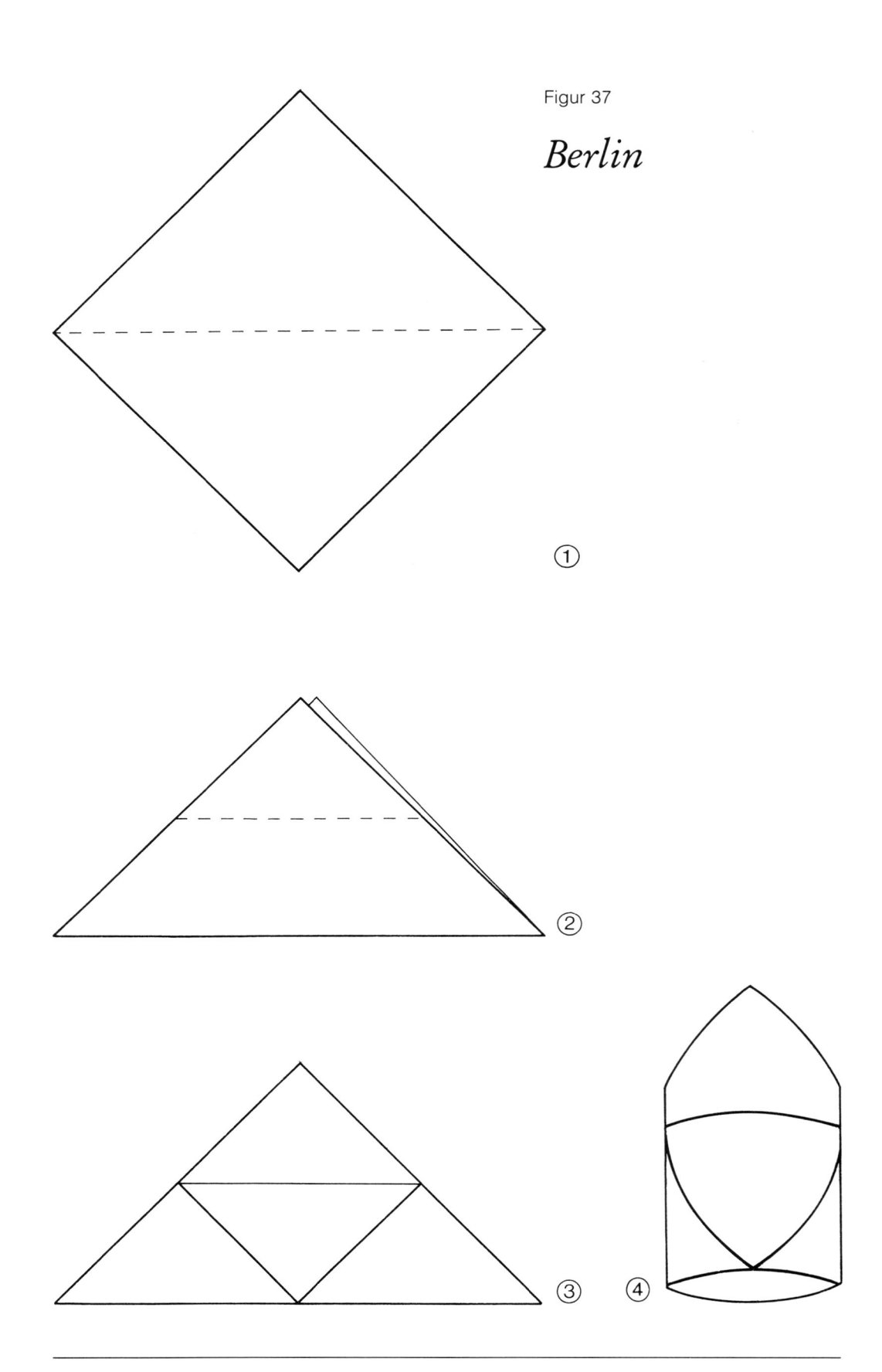

*Berlin*

① ② ③ ④

82

## Berlin

① Serviette diagonal nach oben brechen.

② Die obenauf liegende Ecke nach unten zur Mittellinie brechen.

③ Die rechte und linke Spitze des entstandenen Dreiecks nach hinten ineinanderstecken. Die Figur dabei gleichzeitig etwas formen.

④ Fertige Figur.

Hinweis: Großformatige Servietten bringt man vor dem eigentlichen Brechen durch zwei Brüche auf ein kleines quadratisches Format.

Figur 38

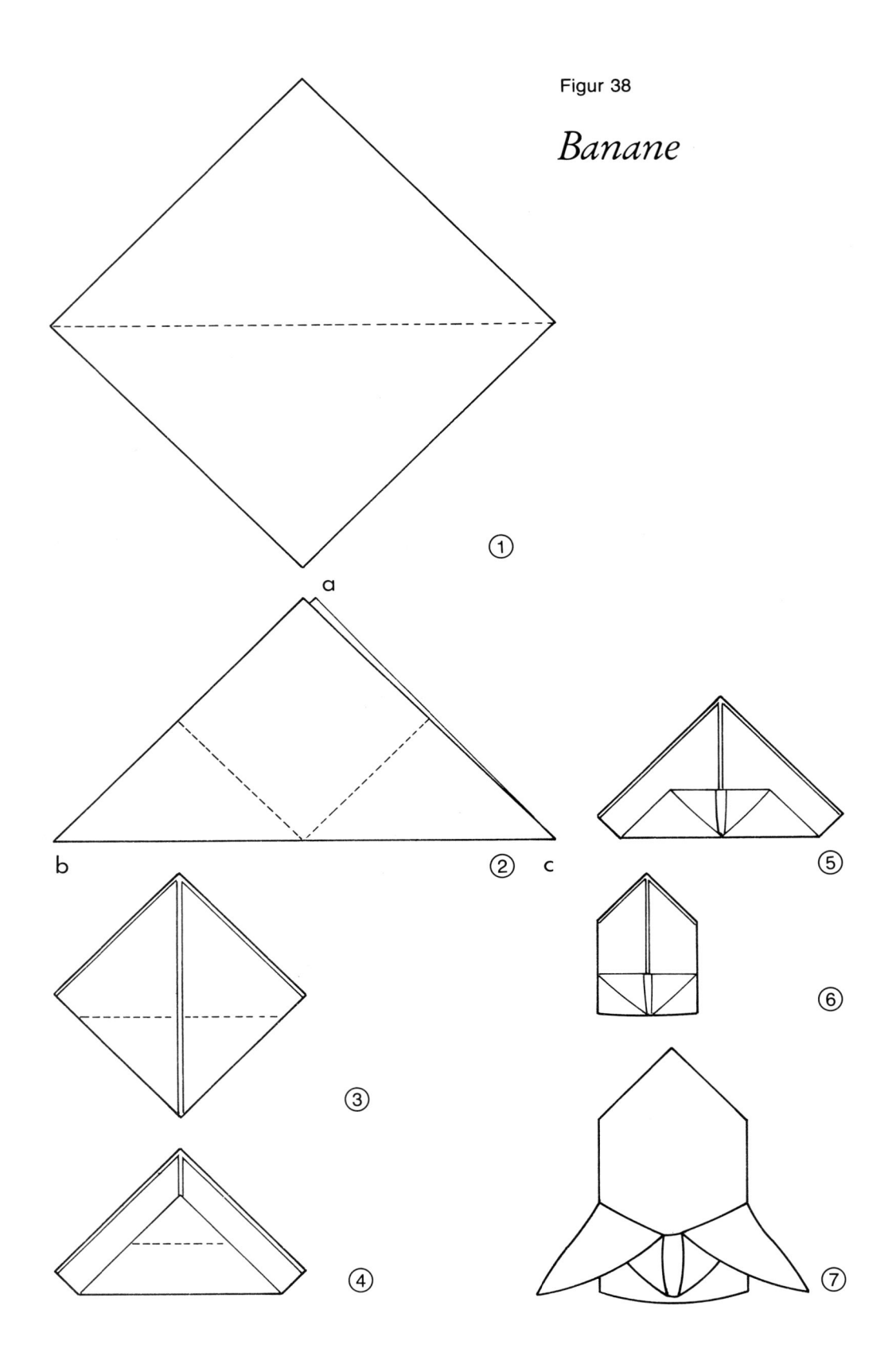

## *Banane*

① ② ③ ④ ⑤ ⑥ ⑦

a b c

84

## Banane

① Serviette zum Dreieck brechen.

② Ecke b auf Ecke a brechen.
Ecke c auf Ecke a brechen.
Es entsteht ein Quadrat.

③ Etwa zwei Zentimeter unter der Mittellinie zum Dreieck nach oben brechen.

④ Vom kleineren, obenauf liegenden Dreieck die Spitze auf die Grundlinie zurückbrechen.

⑤ Rechte und linke Ecke nach hinten biegen und dort ineinanderstecken. Serviette muß rund geformt werden, sie steht besser und fällt nicht so leicht auseinander.
Serviette aufstellen.

⑥ Die beiden vorderen oberen Zipfel vorsichtig nach außen und unten ziehen.

⑦ Fertige Figur.

Figur 39

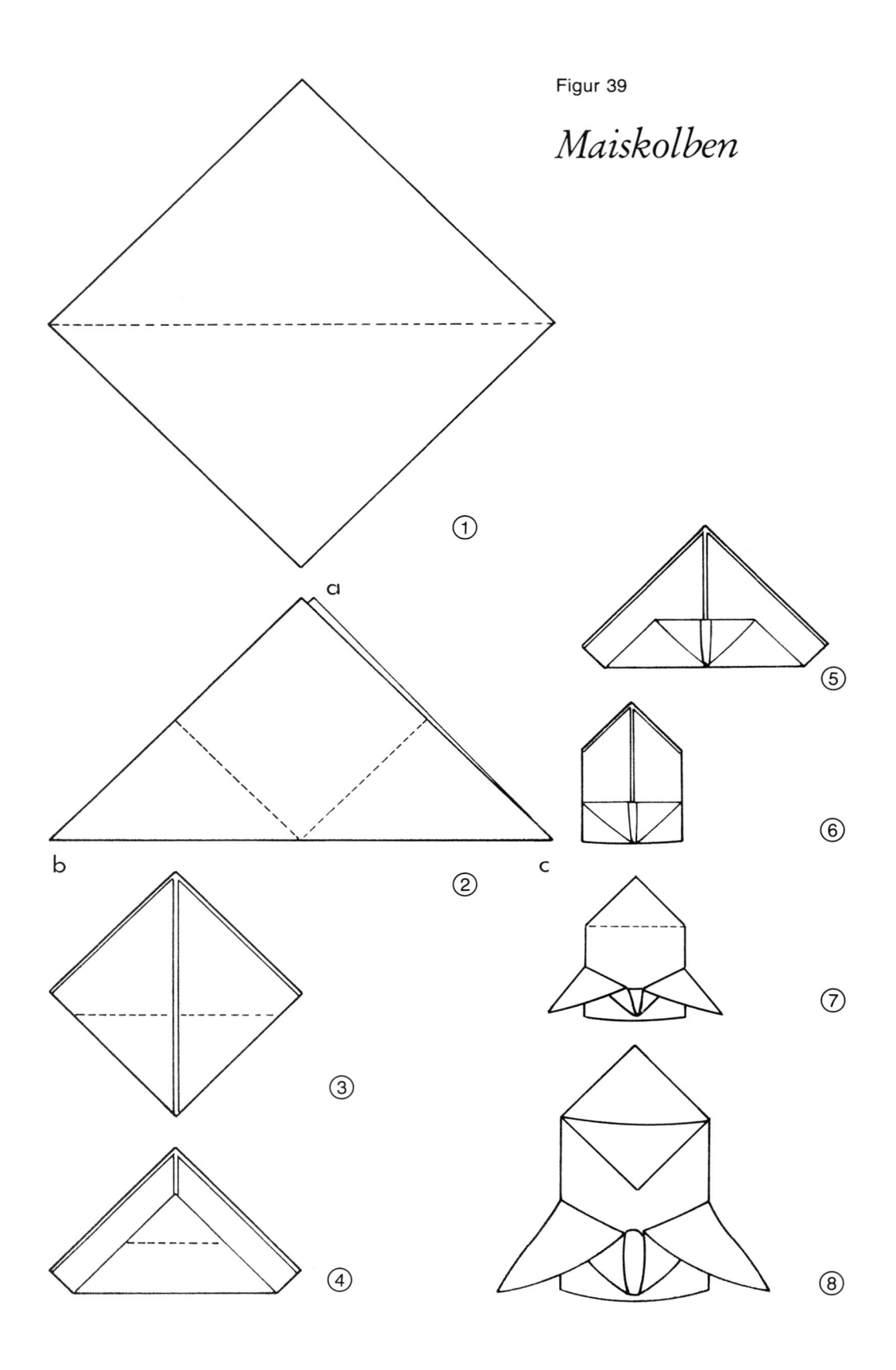

*Maiskolben*

① ② ③ ④ ⑤ ⑥ ⑦ ⑧

a  b  c

86

## Maiskolben

① Serviette zum Dreieck brechen.

② Ecke b auf Ecke a brechen.
Ecke c auf Ecke a brechen.
Es entsteht ein Quadrat.

③ Etwa zwei Zentimeter unter der Mittellinie zum Dreieck nach oben brechen.

④ Vom kleineren, obenauf liegenden Dreieck die Spitze auf die Grundlinie zurückbrechen.

⑤ Rechte und linke Ecke nach hinten biegen und dort ineinanderstecken. Serviette muß rund geformt werden, sie steht besser und fällt nicht so leicht auseinander.
Serviette aufstellen.

⑥ Die beiden vorderen oberen Zipfel vorsichtig nach außen und unten ziehen.

⑦ Den oberen vorderen Zipfel nach unten klappen.

⑧ Fertige Figur.

Figur 40

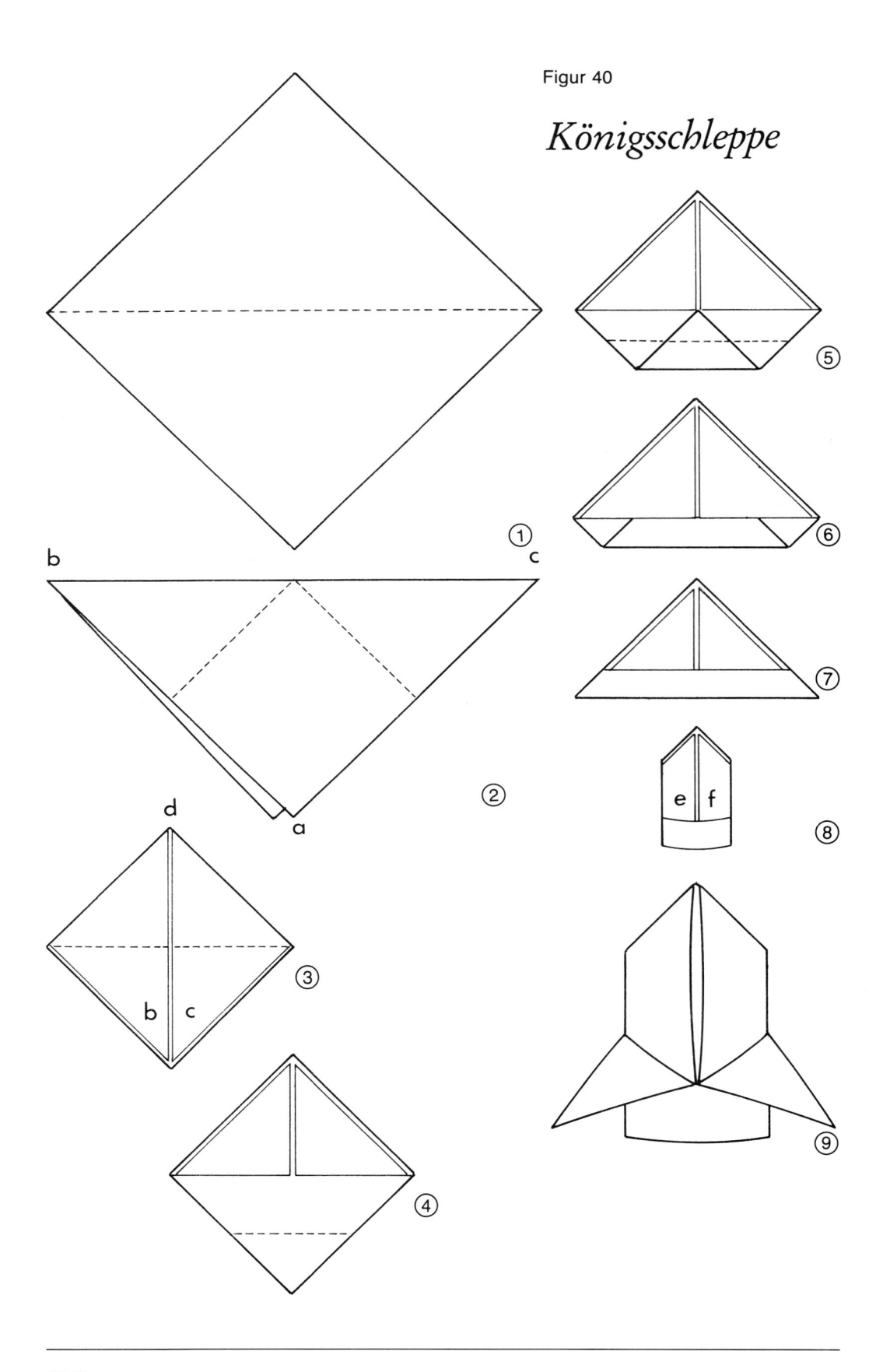

# Königsschleppe

88

## Königsschleppe

① Serviette von oben nach unten zum Dreieck brechen.

② Ecke b auf Ecke a brechen.
Ecke c auf Ecke a brechen.
Es entsteht ein Quadrat.

③ Vorderen Zipfel b auf Ecke d zurückbrechen.
Vorderen Zipfel c auf Ecke d zurückbrechen.

④ Die untere Spitze zur Mittellinie brechen.

⑤ Die untere Kante zur Mittellinie brechen.

⑥ Den gebrochenen unteren Teil auf das obere Dreieck brechen.

⑦ Rechte und linke Ecke nach hinten biegen und ineinanderstecken.
Figur leicht rund formen und aufstellen.

⑧ Vordere Zipfel e und f vorsichtig nach außen und unten ausziehen.

⑨ Fertige Figur.

Figur 41

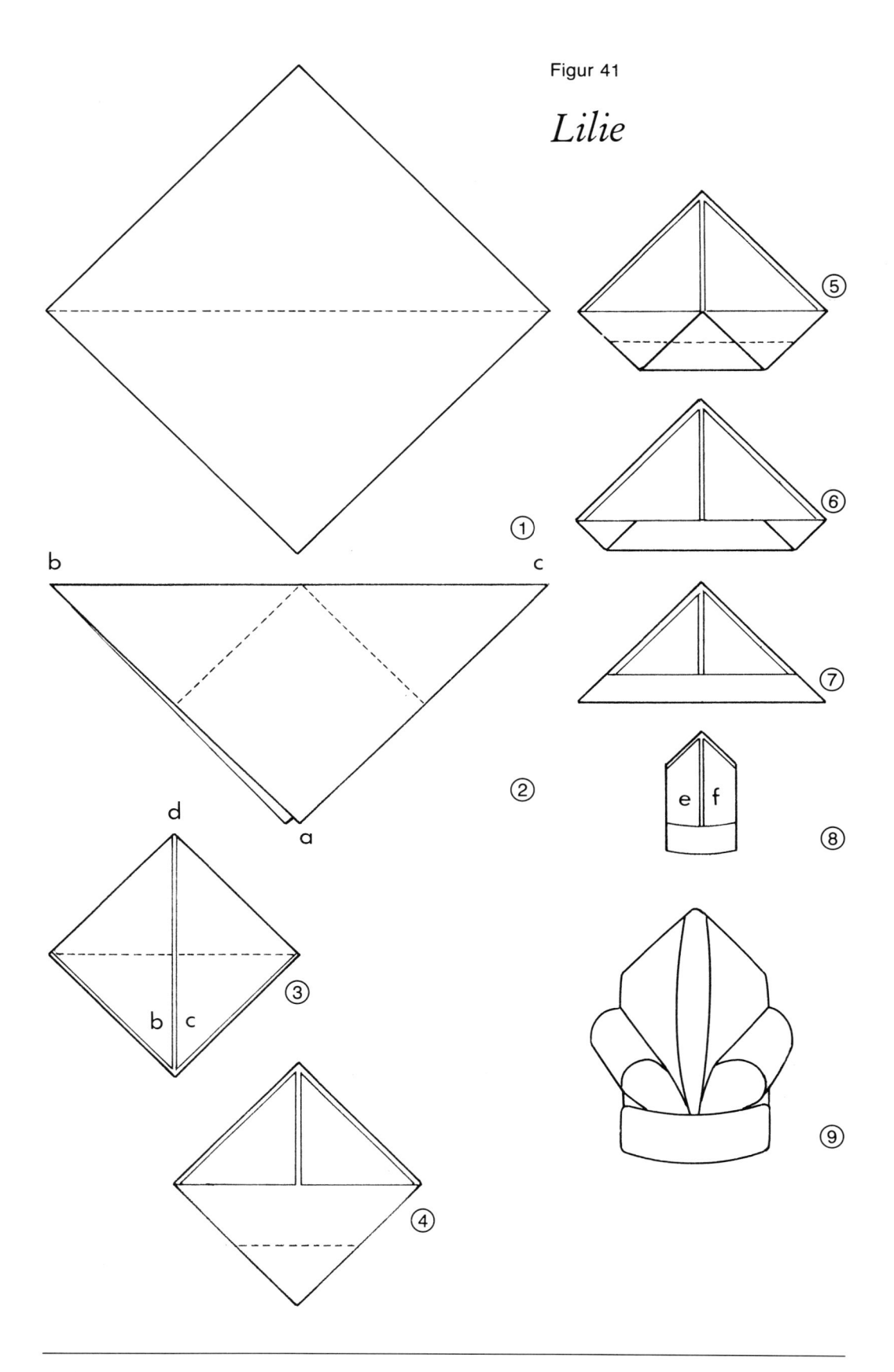

## Lilie

90

## Lilie

① Serviette von oben nach unten zum Dreieck brechen.

② Ecke b auf Ecke a brechen.
Ecke c auf Ecke a brechen.
Es entsteht ein Quadrat.

③ Vorderen Zipfel b auf Ecke d zurückbrechen.
Vorderen Zipfel c auf Ecke d zurückbrechen.

④ Die untere Spitze zur Mittellinie brechen.

⑤ Die untere Kante zur Mittellinie brechen.

⑥ Den gebrochenen unteren Teil auf das obere Dreieck brechen.

⑦ Rechte und linke Ecke nach hinten biegen und ineinanderstecken.
Figur leicht rund formen und aufstellen.

⑧ Zipfel e vorsichtig nach außen ziehen und gleich in den unteren Rand einstecken.
Mit Zipfel f wird ebenso verfahren.

⑨ Fertige Figur.

Figur 42

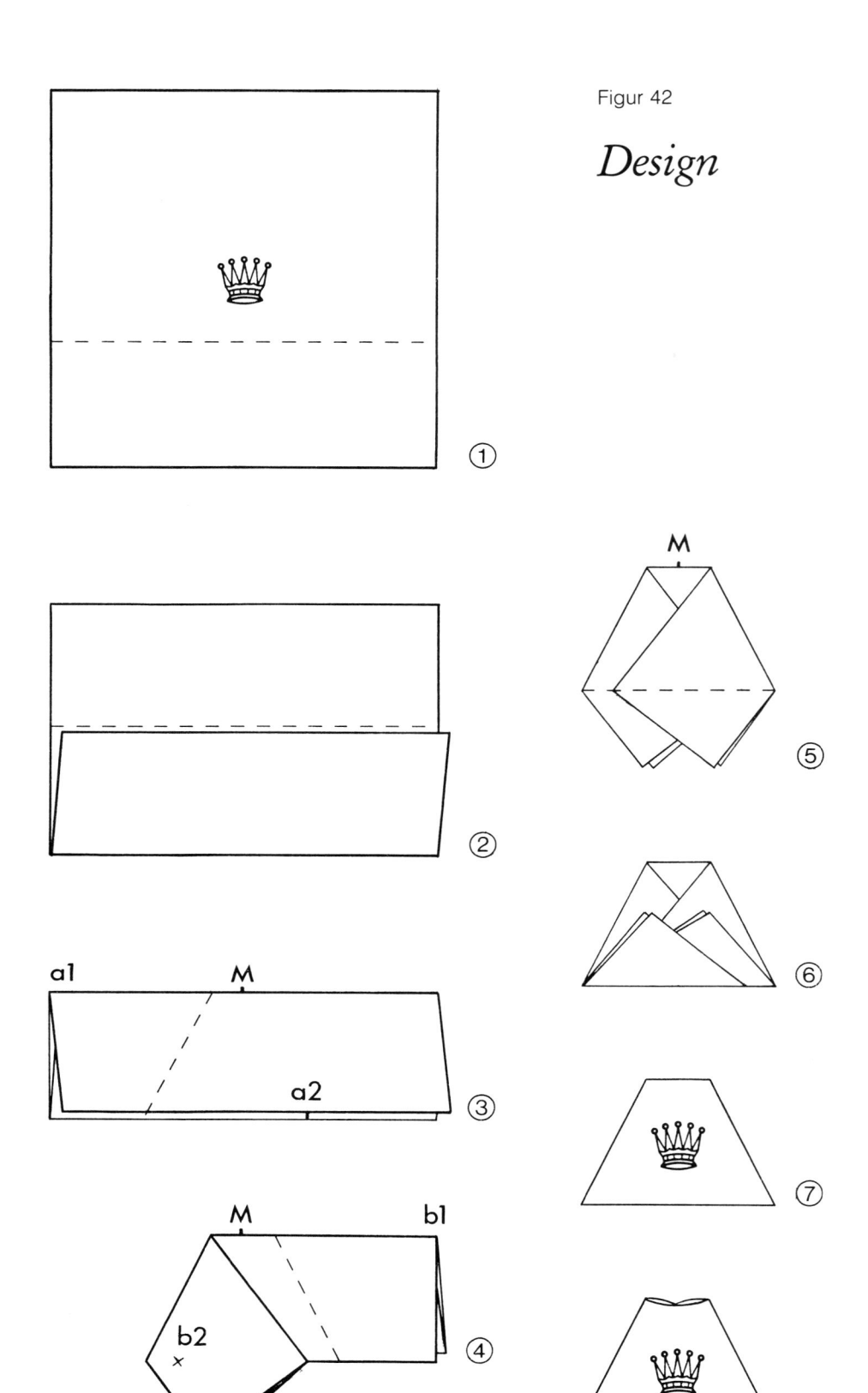

# Design

a1  M

a2

M  b1

b2

M

# Design

1. Das untere Drittel der Serviette nach oben brechen.
2. Das obere Drittel der Serviette nach unten brechen.
3. Die Ecke $a_1$ etwas vor der Mitte (M) wie in der Zeichnung nach unten brechen.
   Die Ecke $a_1$ soll dabei auf den Punkt $a_2$ auf der Grundlinie zu liegen kommen.
4. Die Ecke $b_1$ etwas nach dem Punkt M nach unten brechen.
   Die Ecke $b_1$ soll dabei auf den Punkt $b_2$ auf der nicht mehr zu sehenden Grundlinie zu liegen kommen.
5. Die beiden unteren Ecken über die Grundlinie nach oben brechen.
6. Ganze Figur wenden.
7. Figur leicht formen und aufstellen.
8. Fertige Figur mit Monogramm.

   Hinweis: Diese Figur eignet sich für Servietten mit Monogramm, das in der Mitte der Serviette angebracht ist. Dabei ist die Serviette vor dem Brechen mit der Vorderseite nach unten zu legen. Bei der fertigen Figur zeigt dann das Monogramm nach vorn bzw. zum Gast.

Figur 43

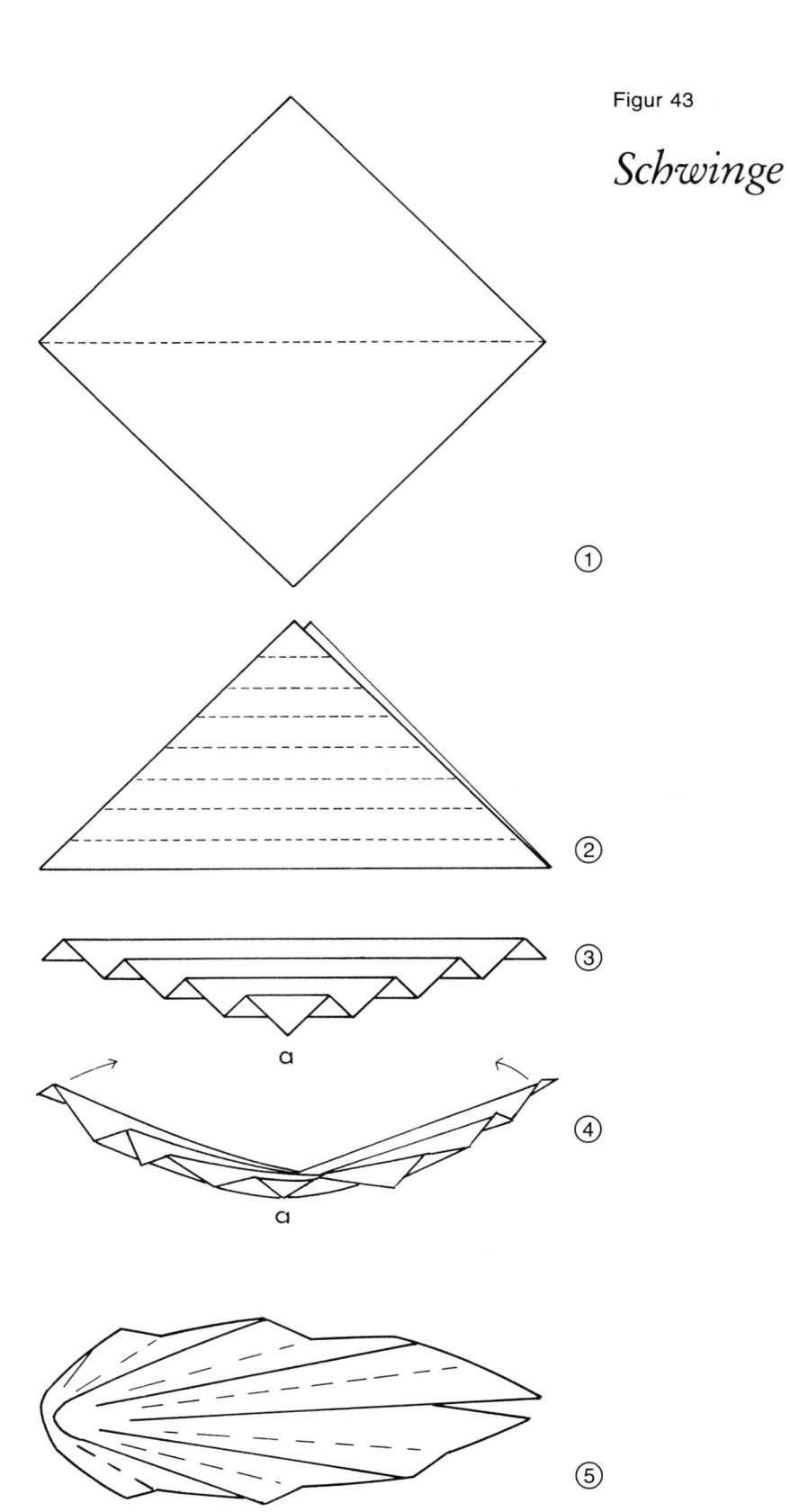

## Schwinge

① ② ③ a ④ a ⑤

## Schwinge

① Quadratische Serviette zu einem Dreieck brechen.

② Von der Grundlinie des Dreiecks her abwechselnd nach vorn und hinten brechen, jeweils etwa zwei Zentimeter breit.

③ Es entsteht ein Band. Die Seite mit dem Zipfel a nach unten legen.

④ Nun nimmt man ein Ende und zieht es über die Mitte –a– auf das andere Ende.

⑤ Fertige Figur.

Figur 44

## St.-Jakobs-Muschel

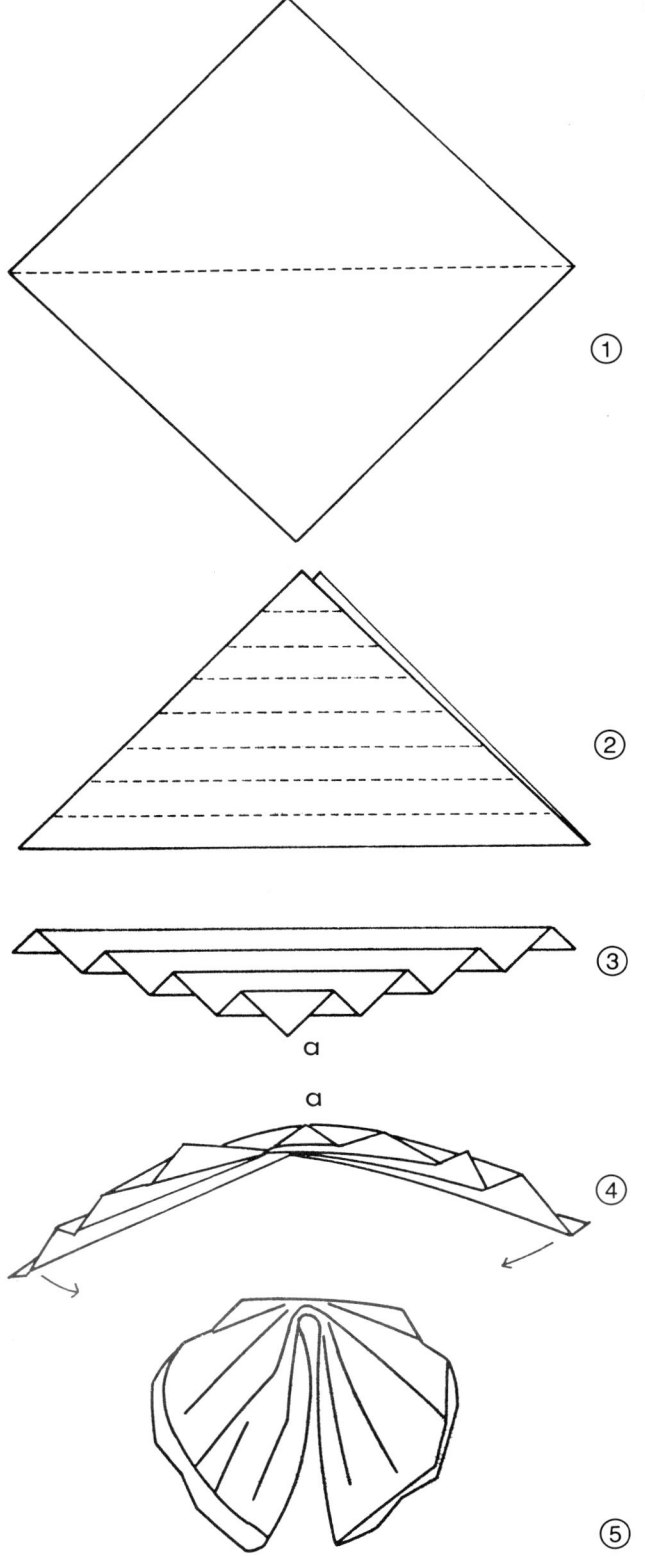

① 
② 
③ a

a
④

⑤

## St.-Jakobs-Muschel

① Quadratische Serviette zu einem Dreieck brechen.

② Von der Grundlinie des Dreiecks her abwechselnd nach vorn und hinten brechen, jeweils etwa zwei Zentimeter breit.

③ Es entsteht ein Band. Die Seite mit dem Zipfel a nach unten legen.

④ Man stellt das Band auf, so daß der Zipfel a nach hinten zeigt, und zieht beide Enden nach vorn zusammen.

⑤ Fertige Figur.

Die Serviette wird auf den Tisch oder auf ein Büfett gelegt, sie kann nicht gestellt werden.

Figur 45

## *Palmwedel*

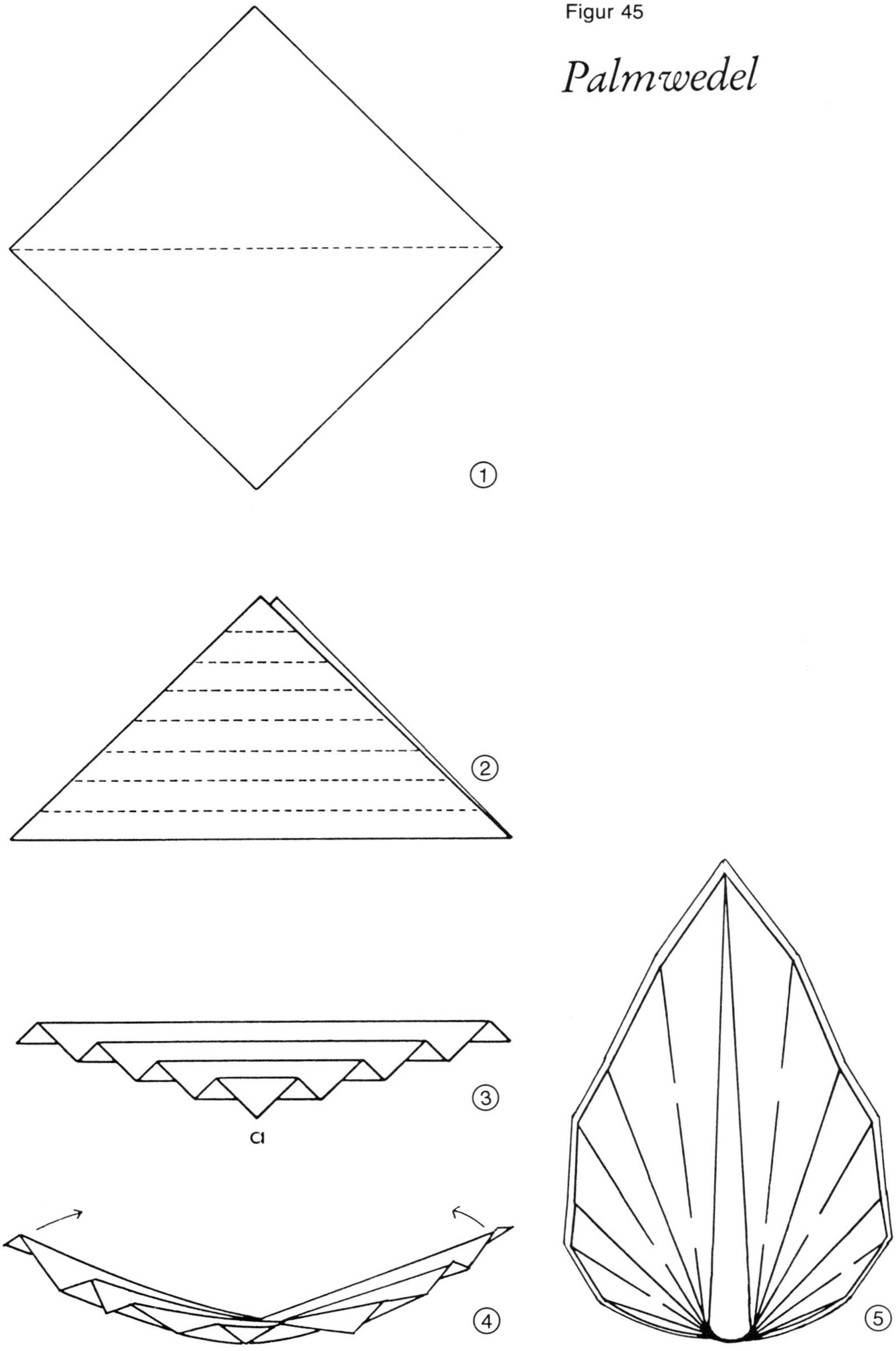

①

②

③
a

④
a

⑤

98

## Palmwedel

① Quadratische Serviette zu einem Dreieck brechen.

② Von der Grundlinie des Dreiecks her abwechselnd nach vorn und hinten brechen, jeweils etwa zwei Zentimeter breit.

③ Es entsteht ein Band. Die Seite mit dem Zipfel a nach unten legen.

④ Die Seite mit dem Zipfel a liegt unten. Während man mit einem Finger die Mitte fest auf die Unterlage drückt, werden die beiden Enden nach oben gezogen und dort ein wenig zusammengedreht. Am besten gelingt diese Figur mit einer Papierserviette.

⑤ Fertige Figur.

Figur 46

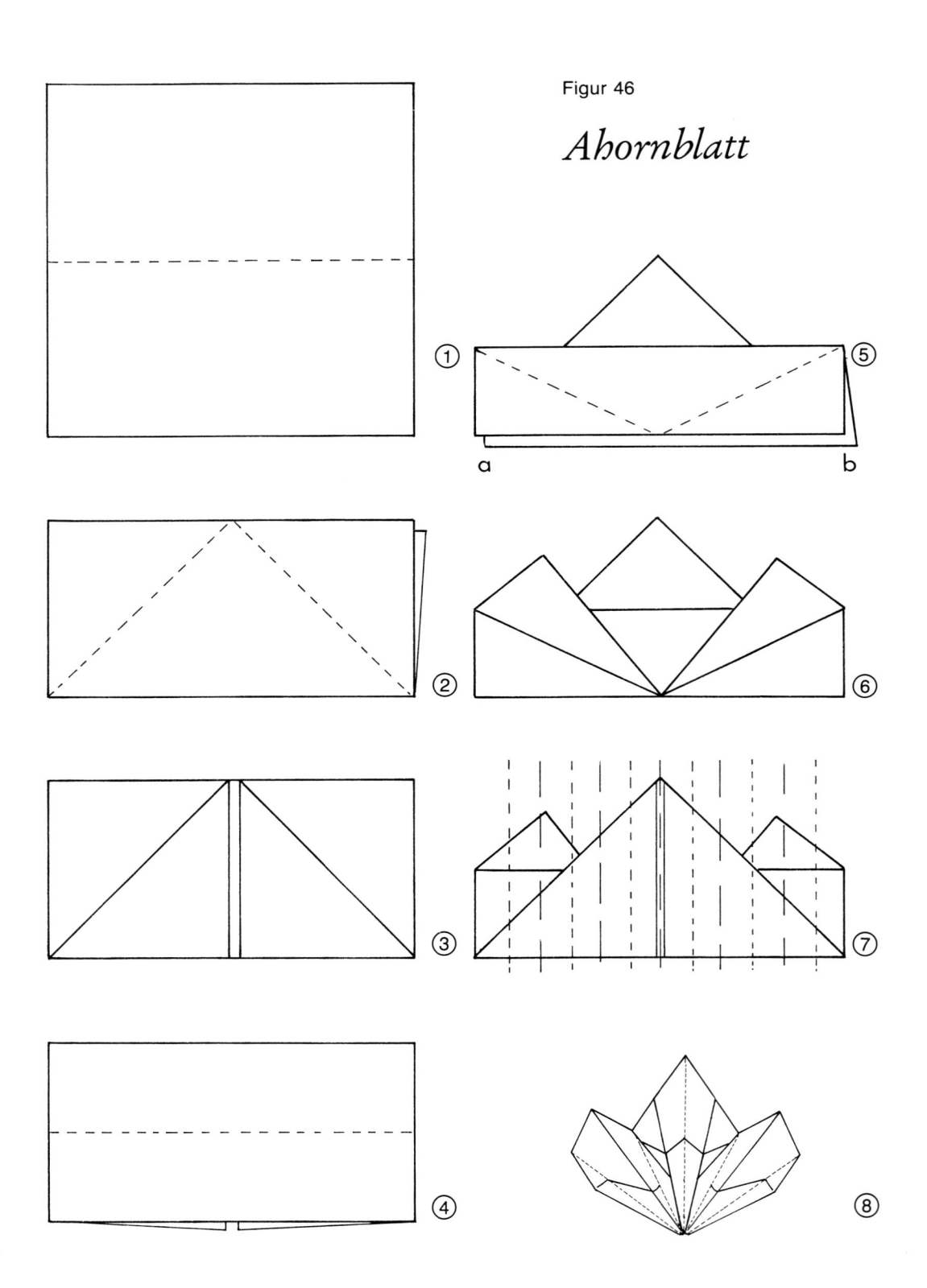

# *Ahornblatt*

a    b

## Ahornblatt

① Serviette in der Mitte nach oben brechen.

② Nur die obenauf liegenden Ecken auf die Grundlinie brechen.

③ Serviette wenden.

④ Die jetzt oben liegende Seite in der Mitte nach unten brechen. Achtung: Nur die oben liegende Seite brechen, die zum Dreieck gebrochene Seite bleibt liegen.

⑤ Es entsteht diese Figur. Jetzt wieder nur von der oben liegenden Seite die Ecken a und b nach oben brechen, so wie aus der Zeichnung ersichtlich.

⑥ Figur wenden.

⑦ Die Serviette in gleichen Abständen abwechselnd nach vorn und hinten brechen. Am schönsten wird das Ahornblatt, wenn man darauf achtet, daß die Spitzen der Serviette auf einem Innenbruch liegen. Serviette pressen, am unteren Ende festhalten, an der oberen Seite vorsichtig auseinanderziehen.

⑧ Fertige Figur.

Figur 47

## Zwilling

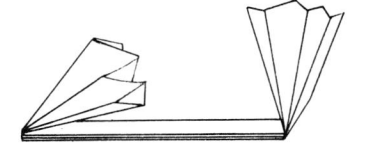

① 

② 

③ 

④

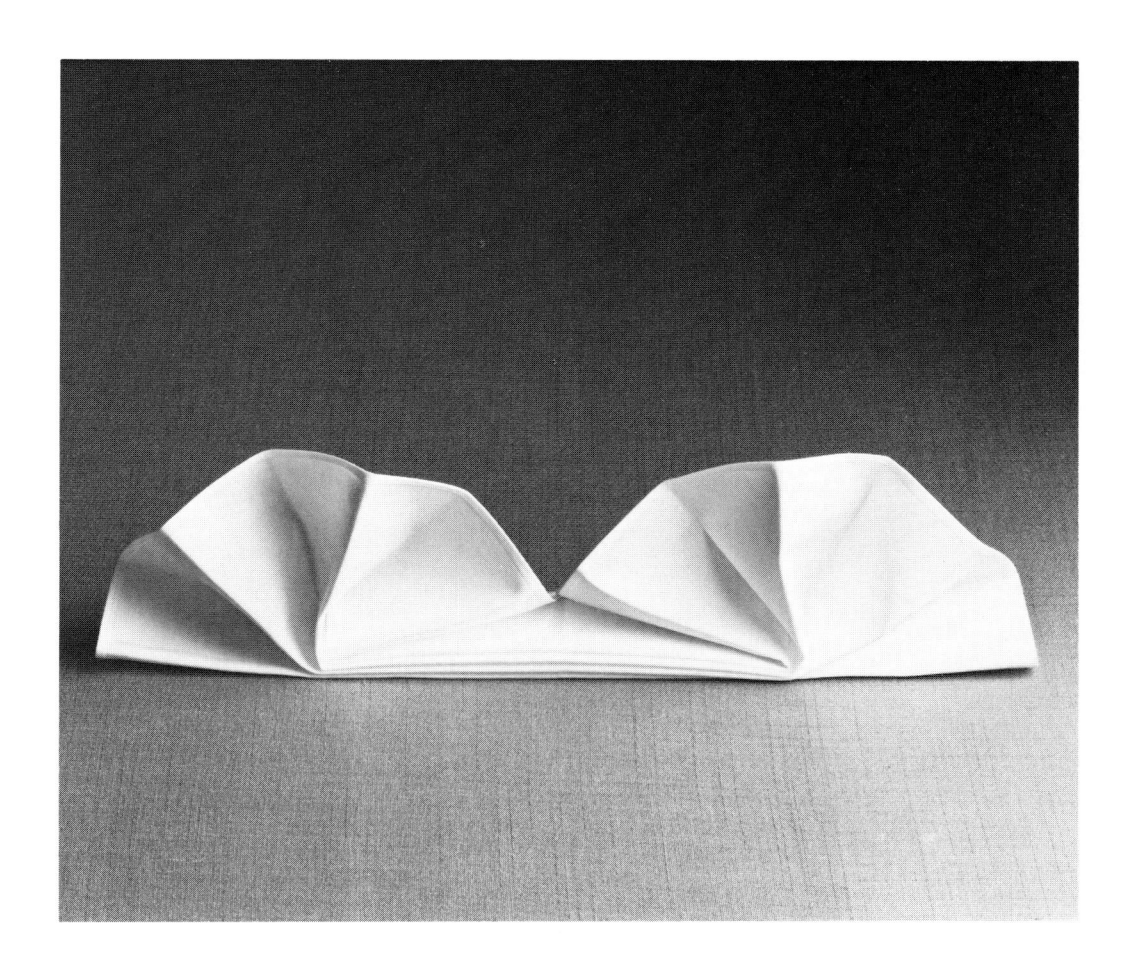

## Zwilling

① Serviette fünfmal abwechselnd so nach vorn und hinten brechen, daß sechs gleich breite Lagen übereinander zu liegen kommen.

② Darauf achten, daß die erste und die letzte Lage nach hinten zeigen.

③ Den Serviettenstreifen kräftig andrücken. Das linke und rechte Viertel jeweils nach innen brechen. Nun beide oben liegenden Enden nach außen wegziehen.

④ Fertige Figur.

Figur 48

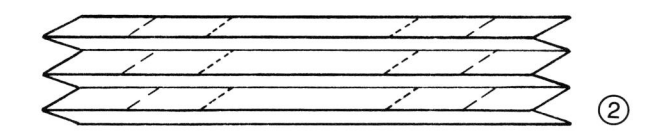

## Spanische Wand

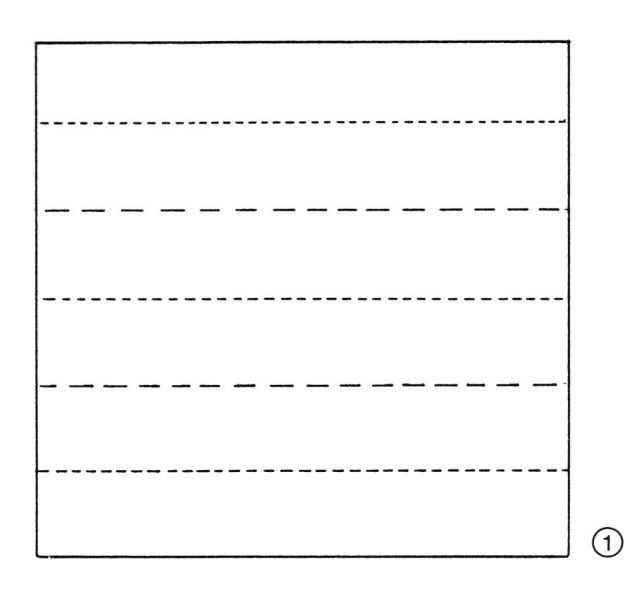

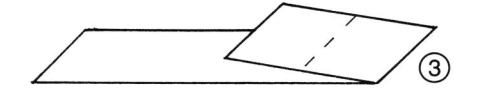

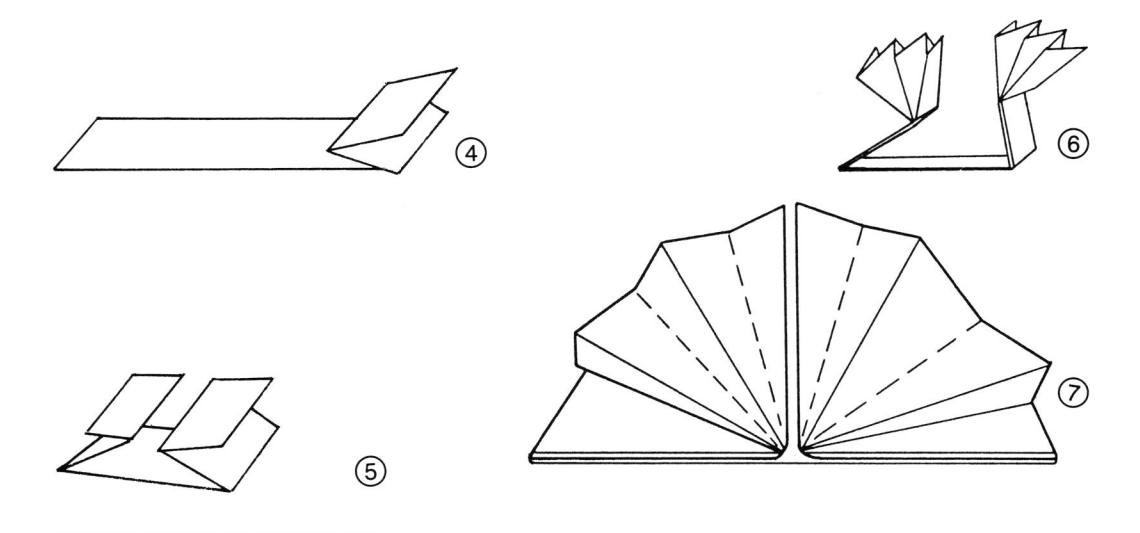

## Spanische Wand

① Serviette fünfmal abwechselnd so nach vorn und hinten brechen, so daß sechs gleich breite Lagen übereinander zu liegen kommen.

② Darauf achten, daß die erste und die letzte Lage nach hinten zeigen.

③ Das rechte Drittel des Serviettenstreifens nach innen brechen.

④ Die Hälfte dieses Drittels nach außen zurückbrechen.

⑤ Den gleichen Vorgang beim linken Drittel ausführen.

⑥ Nun die beiden oben liegenden Enden nach innen hin aufziehen.

⑦ Fertige Figur.

Figur 49

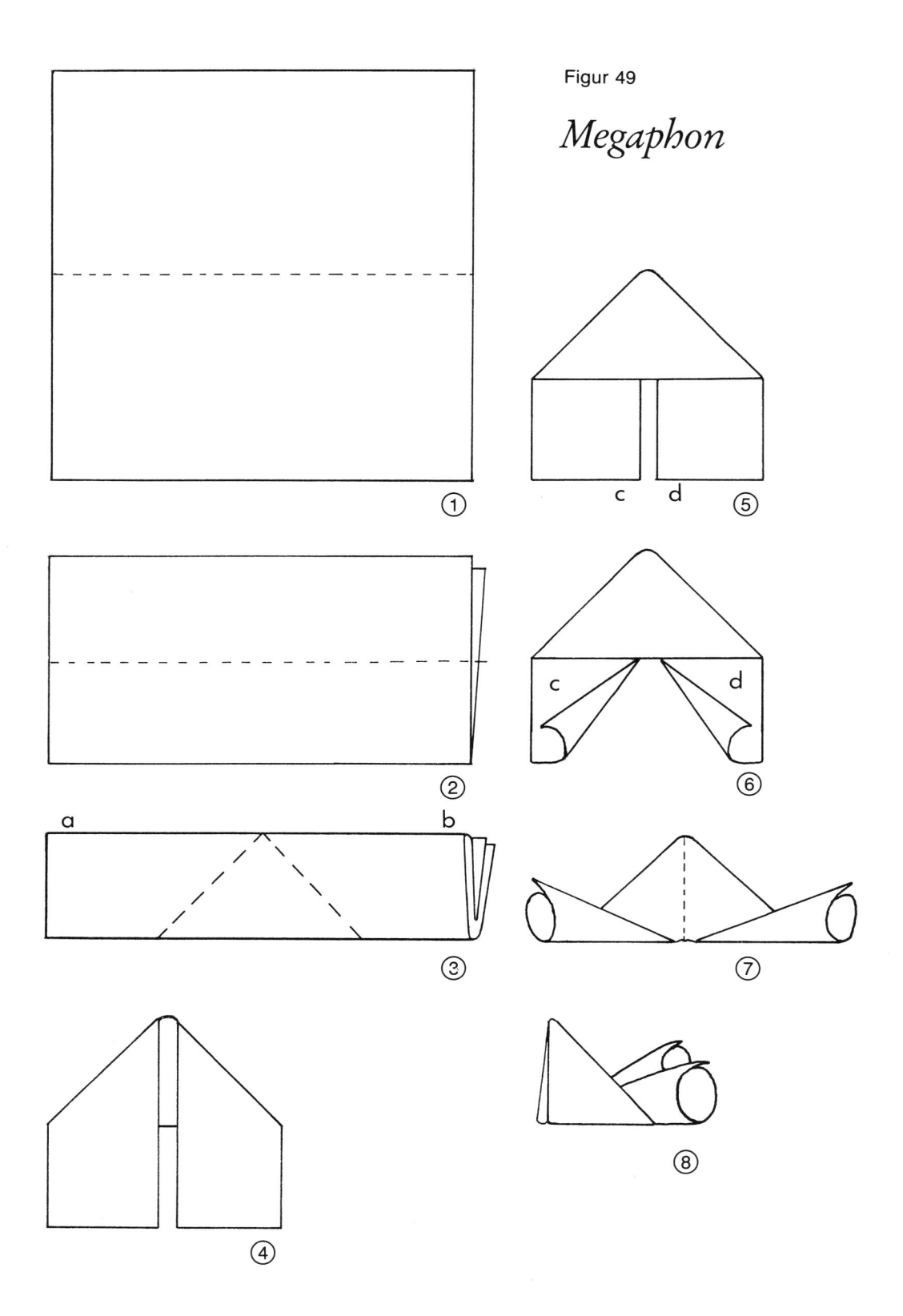

## Megaphon

① ② ③ ④ ⑤ ⑥ ⑦ ⑧

a  b

c  d

c  d

## Megaphon

① Serviette in der Mitte brechen.

② Durch nochmaliges Brechen die Serviette vierteln.

③ Die Ecken a und b nach unten brechen.

④ Serviette wenden.

⑤ Ecke c nach außen rollen, das gleiche geschieht mit Ecke d.

⑥ Die entstehenden „Tüten" über die Grundlinie des Dreiecks nach oben brechen. Am besten ist dieser Schritt mit einer gutgestärkten Serviette zu vollziehen.

⑦ Serviette nach vorne brechen.

⑧ Fertige Figur.

Figur 50

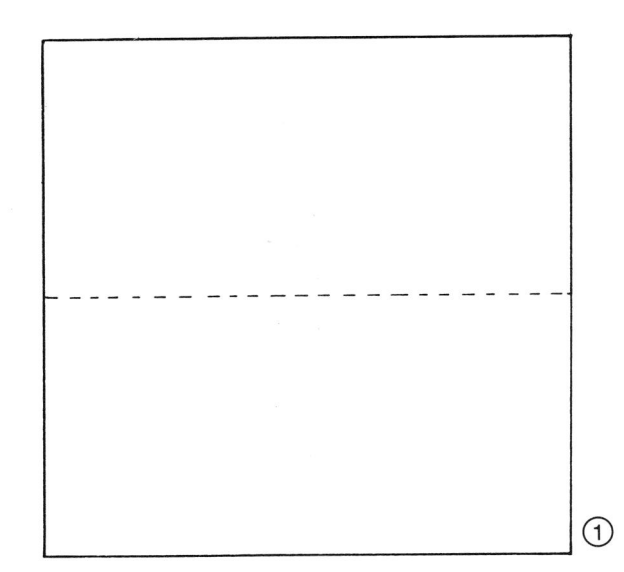

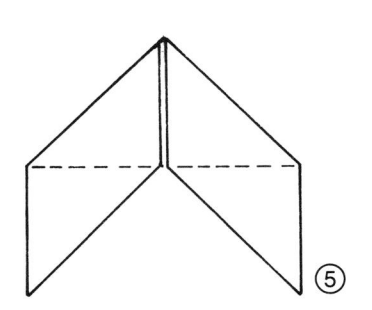

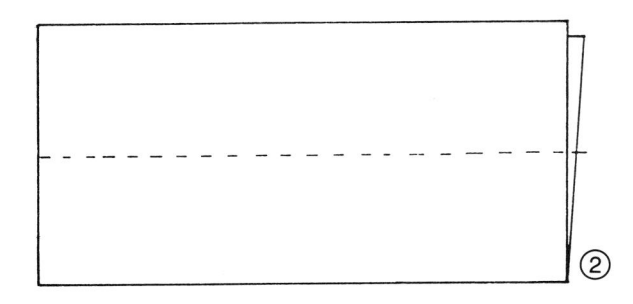

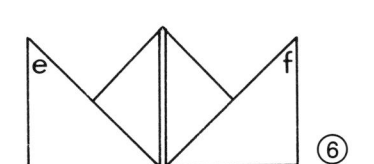

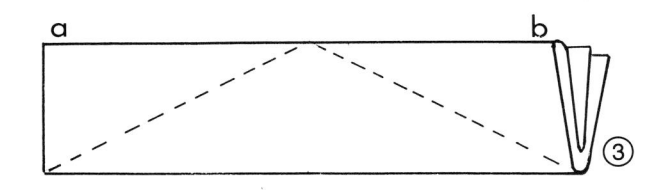

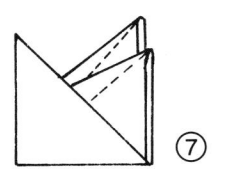

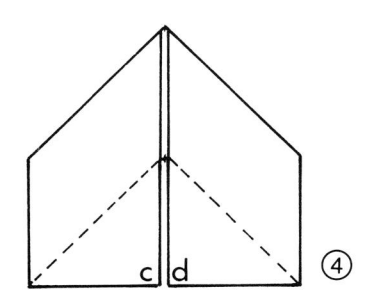

## Schwimmender Schwan

108

## Schwimmender Schwan

① Serviette in der Mitte brechen.

② Durch nochmaliges Brechen die Serviette vierteln.

③ Die Ecken a und b nach unten brechen.

④ Ecken c und d nach außen brechen.

⑤ Die beiden Flügel nach oben über das Dreieck brechen.

⑥ e und f aufeinanderlegen. Figur aufstellen, die jetzt innen, unten liegenden Zipfel c und d etwas nach oben ziehen.

⑦ Fertige Figur.

Figur 51

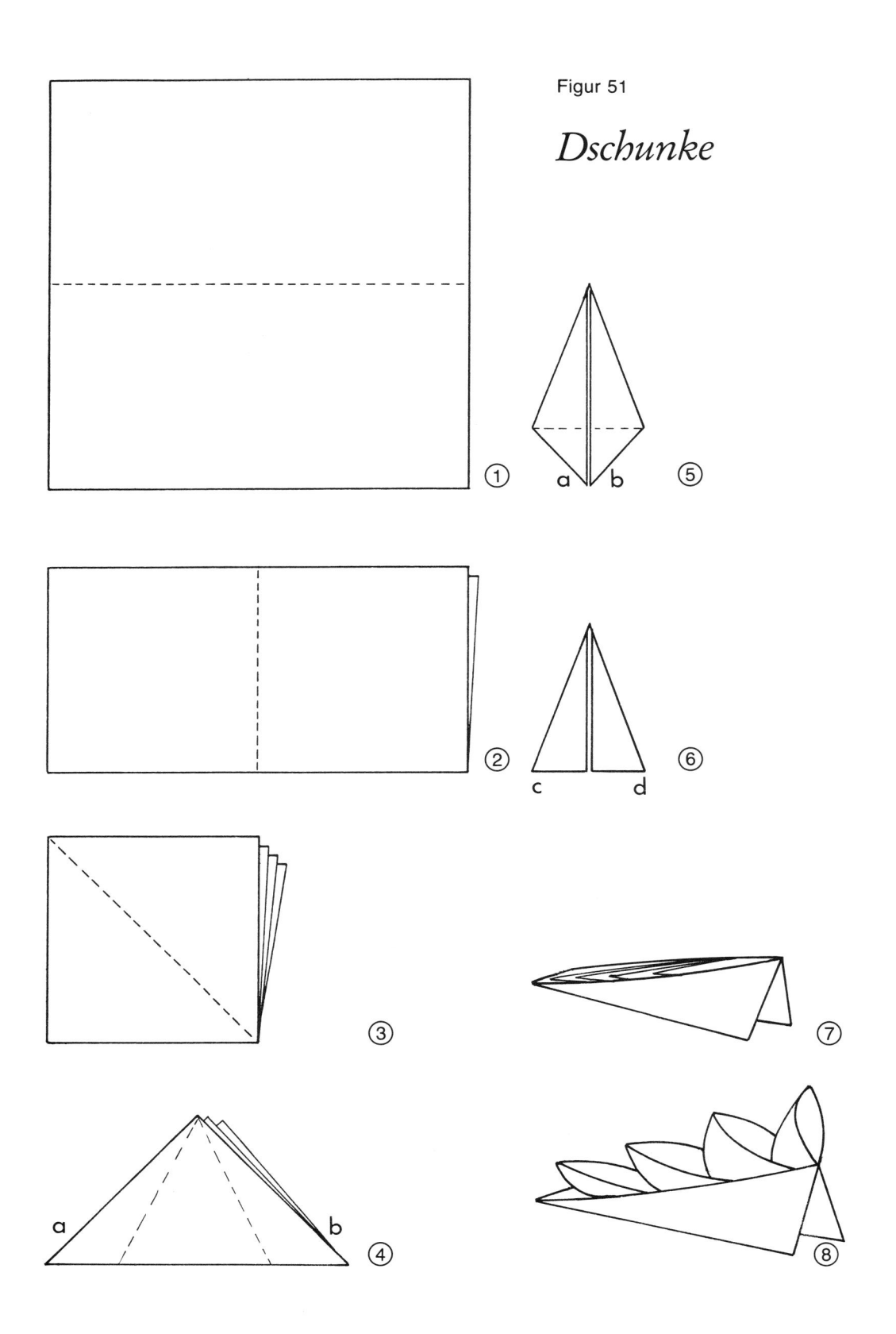

## Dschunke

① ② ③ ④ ⑤ ⑥ ⑦ ⑧

a b

c d

a b

110

## Dschunke

① Serviette in der Mitte brechen.

② Serviette nochmals in der Mitte brechen.

③ Die offenen Seiten sollen nach rechts oben zeigen.
Serviette diagonal zum Dreieck brechen und wenden.

④ Vor dem Brechen darauf achten, daß beim Dreieck die offenen Seiten oben liegen.
Ecken a und b so brechen, daß eine Drachenfigur entsteht.

⑤ Zipfel a und b nach hinten umbiegen.

⑥ Serviette der Länge nach umklappen, und zwar so, daß die beiden Ecken c und d nach unten zu liegen kommen. Die Mitte muß nach oben zeigen. Die Ecken c und d unten zusammendrücken.

⑦ Es entsteht das Boot, aber noch müssen die Zipfel, „Segel", nach oben gezogen werden.

⑧ Fertige Figur.

Figur 52

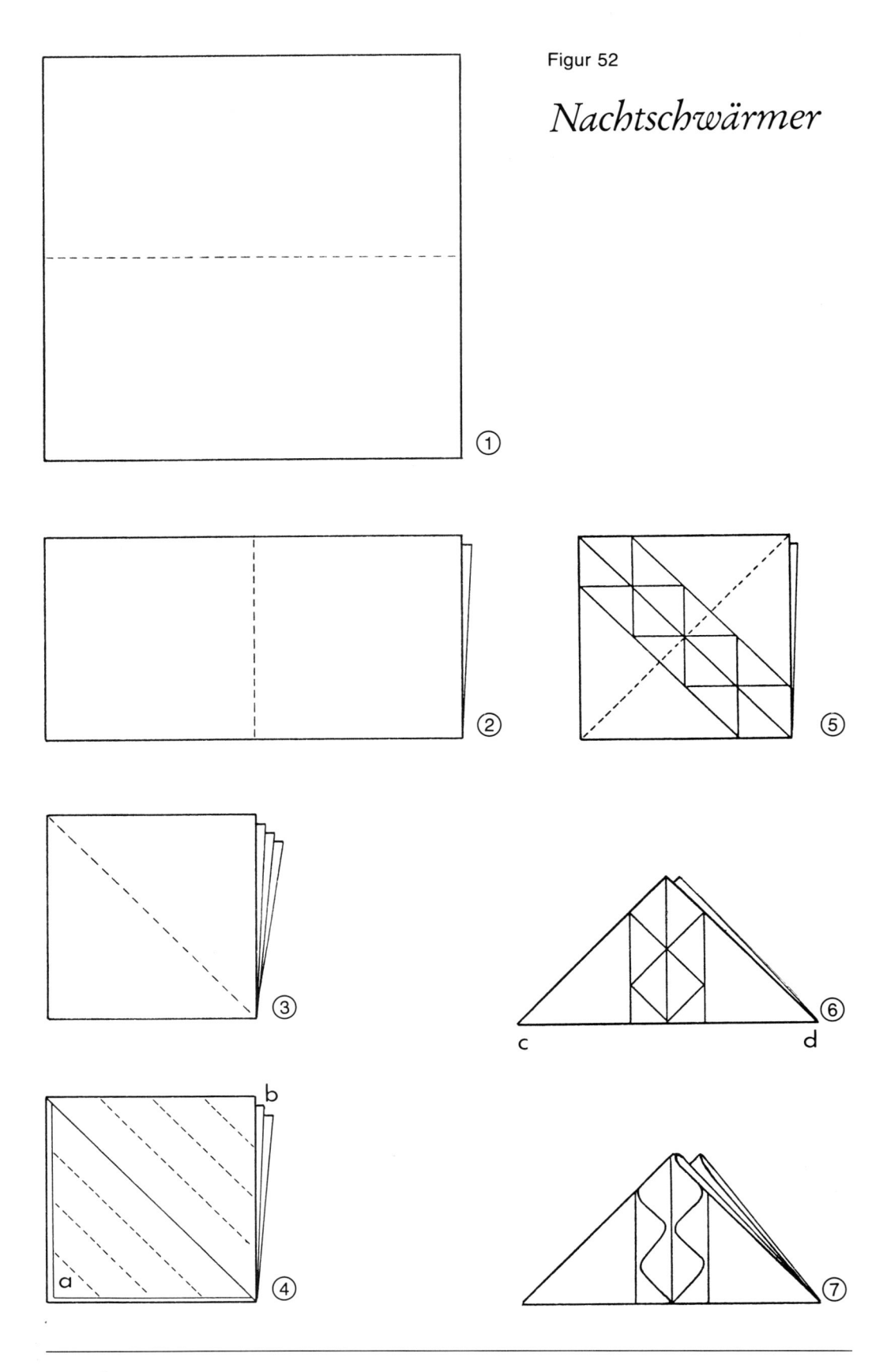

*Nachtschwärmer*

112

## Nachtschwärmer

① Serviette in der Mitte brechen.

② Serviette nochmals in der Mitte brechen.

③ Die offenen Seiten sollen rechts oben liegen.
Die oben liegende Lage diagonal nach unten brechen.

④ Diese Lage von Ecke a zur Mitteldiagonale hin in gleichen Abständen nach innen und außen brechen. Von der Ecke b aus in gleicher Weise verfahren.

⑤ Diese entstandene Figur wird diagonal nach außen gebrochen, und zwar quer zu den entstandenen Mittelstreifen.

⑥ Der oben liegende Kamm wird noch etwas aufgestellt.

⑦ Fertige Figur.

Figur 53

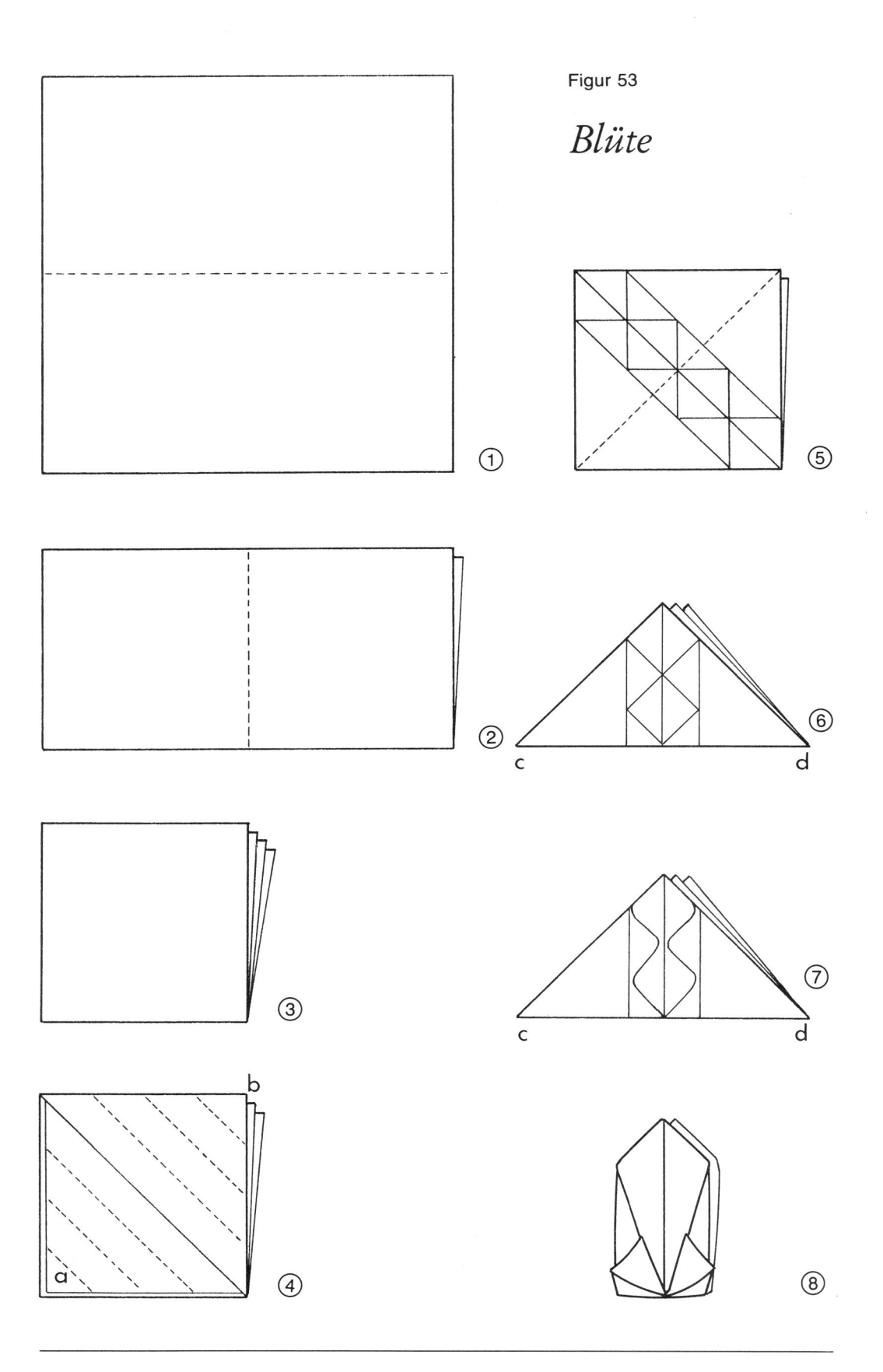

*Blüte*

114

## Blüte

① Serviette in der Mitte brechen.

② Serviette nochmals quer in der Mitte brechen.

③ Die offenen Seiten sollen rechts oben liegen. Die oben liegende Lage diagonal nach unten brechen.

④ Von Ecke a zur Mitteldiagonale hin in gleichen Abständen nach innen und außen brechen. Von der Ecke b aus in gleicher Weise verfahren.

⑤ Diese entstandene Figur wird diagonal nach außen gebrochen, und zwar quer zu dem entstandenen Mittelstreifen.

⑥ Der oben liegende Kamm wird noch etwas aufgestellt.

⑦ Die Ecken c und d nach hinten ineinanderstecken. Man beult die Figur noch etwas aus und stellt sie auf.

⑧ Fertige Figur.

Figur 54

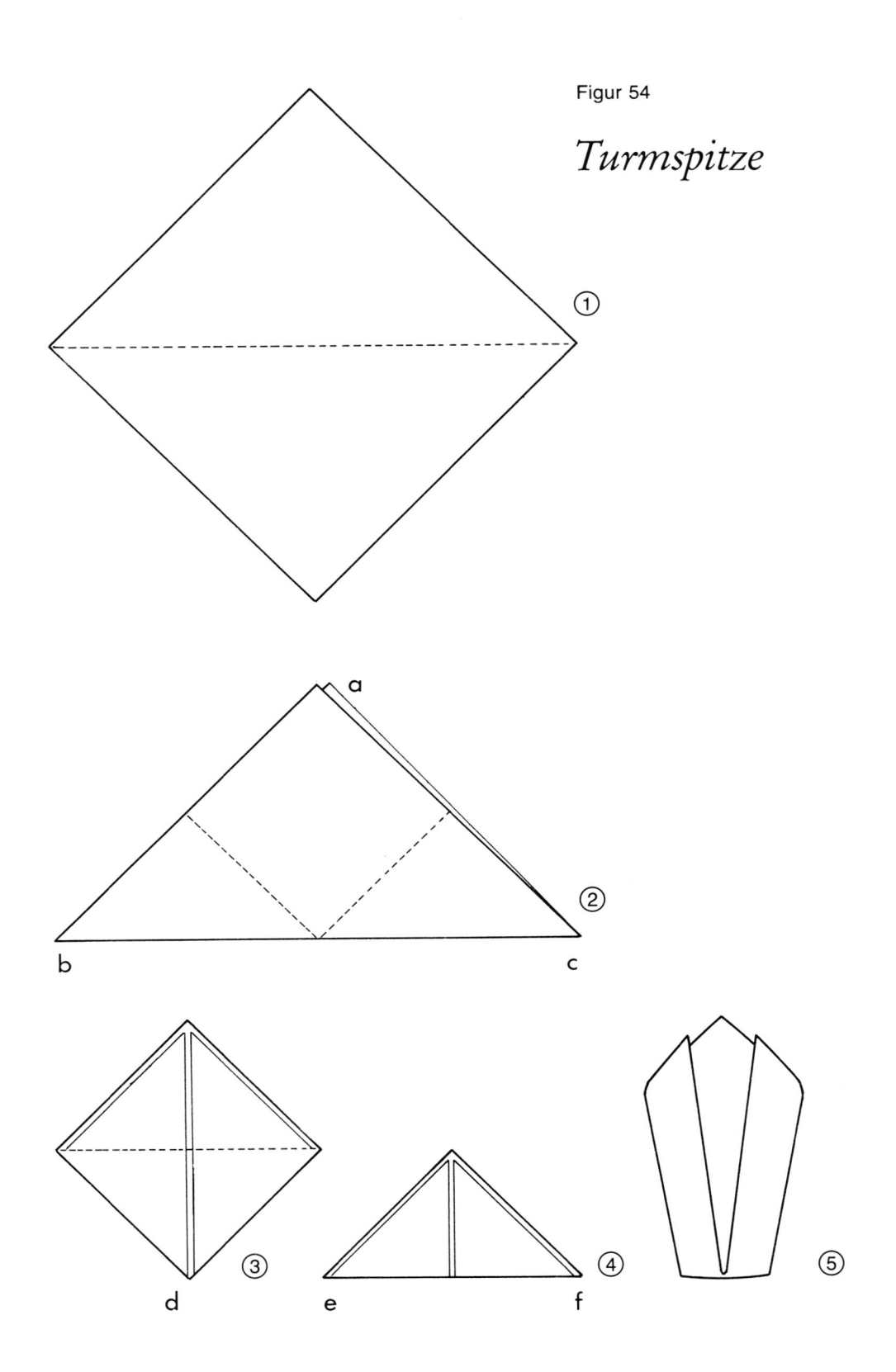

## Turmspitze

① 

② a, b, c

③ d  ④ e, f  ⑤

116

## Turmspitze

① Quadratische Serviette diagonal nach oben brechen.

② Ecke b und Ecke c auf Ecke a brechen.

③ Untere Hälfte diagonal nach hinten brechen.

④ Ecken e und f nach hinten zusammenstecken. Figur aufstellen.

⑤ Fertige Figur.

Figur 55

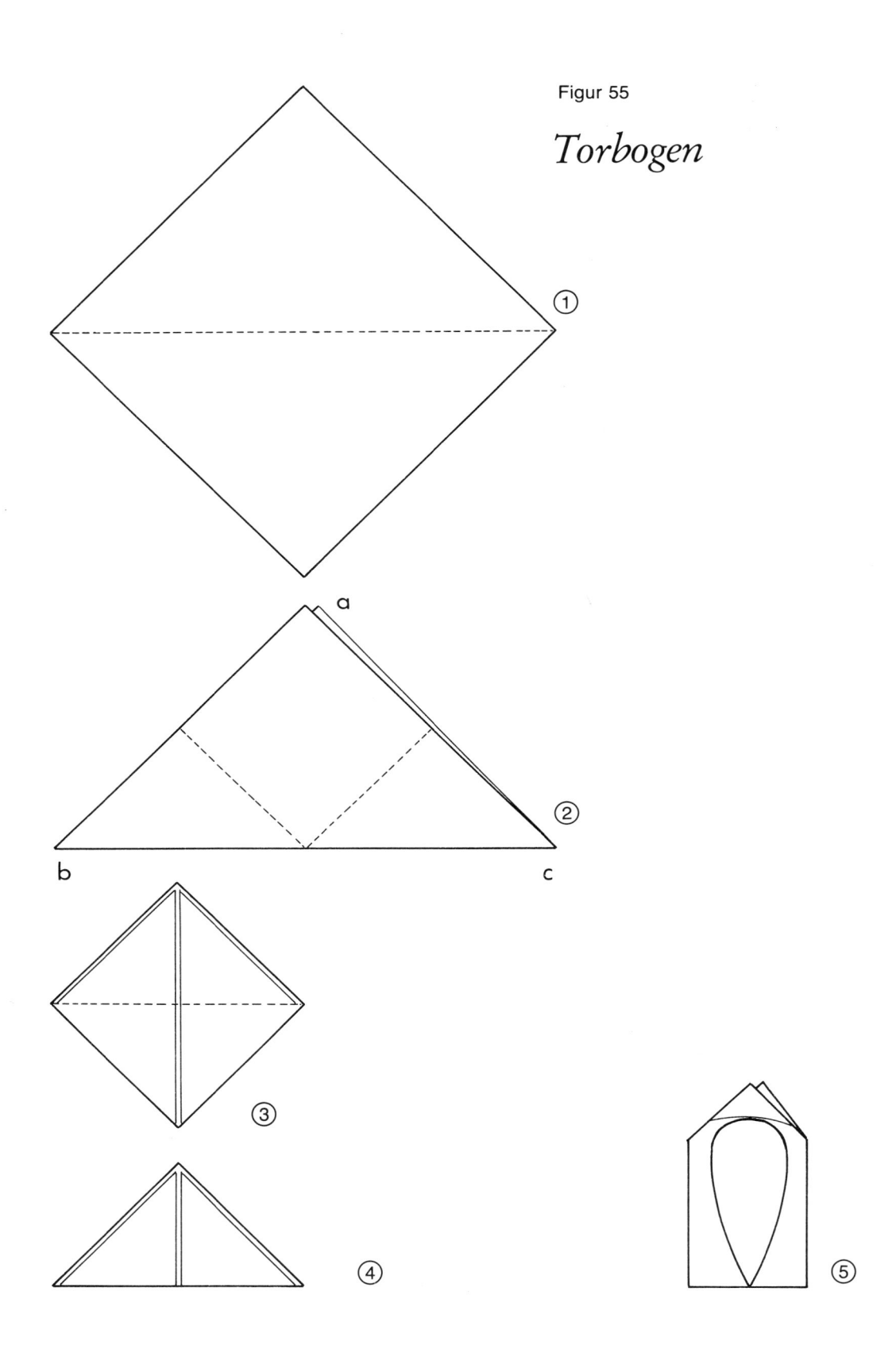

# *Torbogen*

① 

a
② 
b     c

③

④

⑤

118

## Torbogen

① Quadratische Serviette diagonal nach oben brechen.

② Ecke b und Ecke c auf Ecke a brechen.

③ Untere Hälfte diagonal nach hinten brechen.

④ Ecken a und b nach vorn zusammenstecken. Figur umdrehen. Vordere Lage oben rund biegen.

⑤ Fertige Figur.

Figur 56

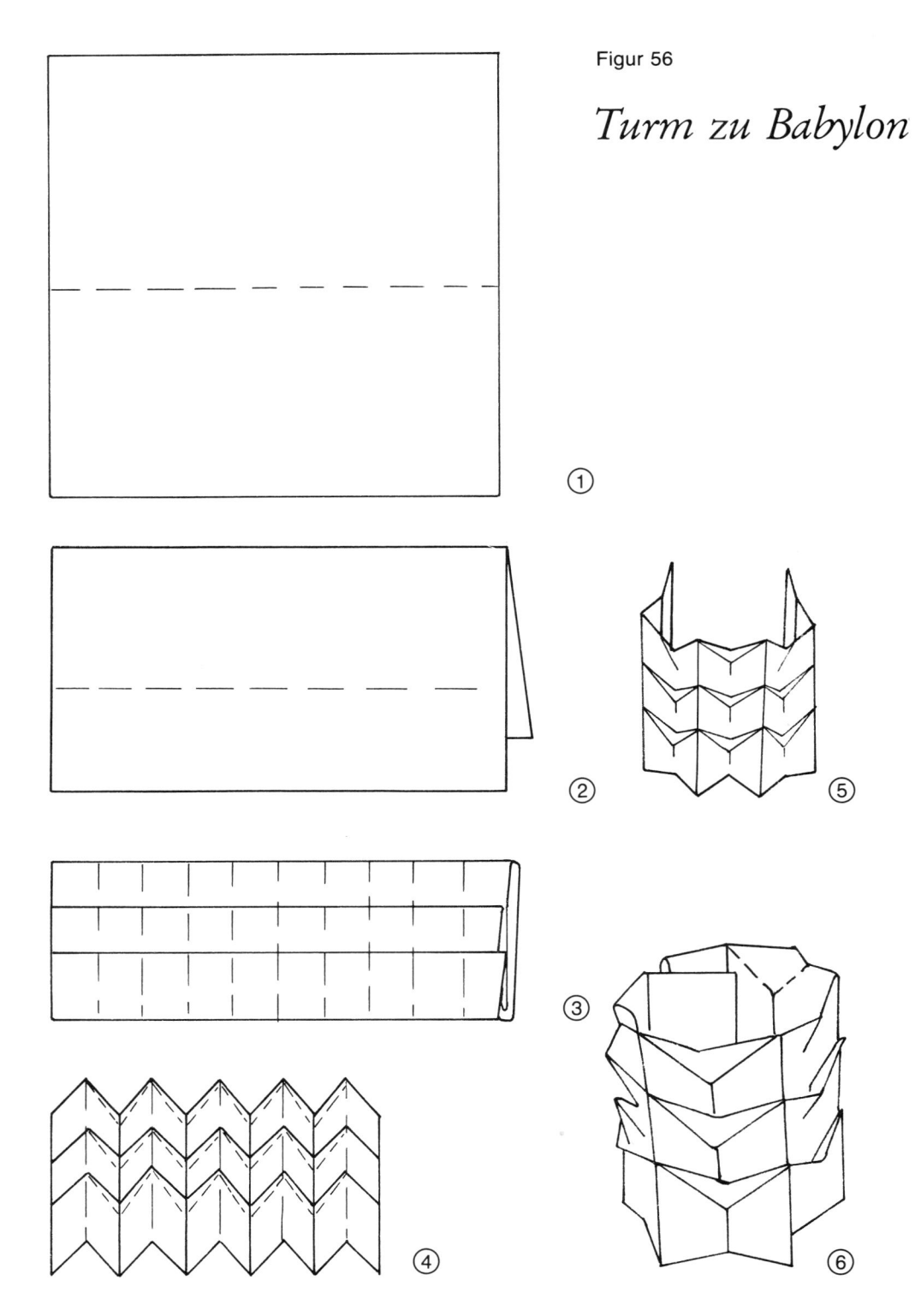

## Turm zu Babylon

## Turm zu Babylon

① Serviette etwa zwei Zentimeter unterhalb der Mittellinie nach unten brechen.

② Serviette unterhalb der jetzigen Mittellinie nach oben brechen, so daß drei gleich breite Bänder entstehen.

③ Quer zu den bisherigen Brüchen die Serviette in gleichen Abständen abwechselnd nach vorne und hinten brechen.

④ Serviette fest zusammendrücken. Anschließend ganz wenig auseinanderziehen, damit von allen drei Bändern die inneren Kappen vorsichtig nach außen gebrochen werden können. Danach wieder pressen.

⑤ Die Serviette nach hinten zusammenstellen, möglichst so weit, daß sie sich hinten schließt.

⑥ Fertige Figur.

Figur 57

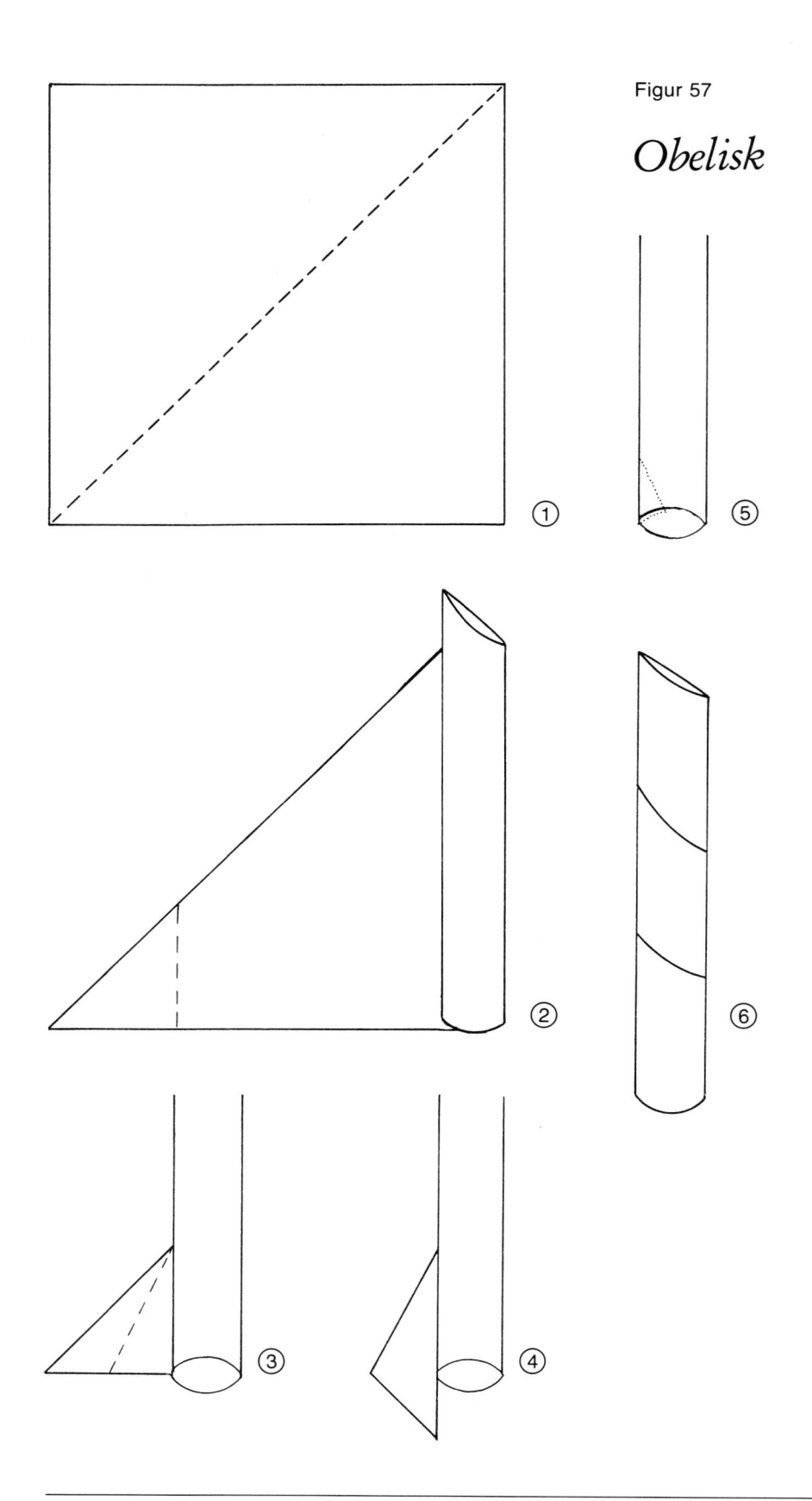

## Obelisk

122

## Obelisk

① Serviette zum Dreieck nach rechts unten brechen.

② Serviette von der rechten offenen Seite her nach innen aufrollen.

③ Serviette so weit aufrollen, bis ein kleines Dreieck bleibt.

④ Das verbliebene Dreieck nach unten brechen.

⑤ Serviette fertigrollen und die kleine überstehende Spitze in eine der inneren Lagen der Rolle stecken. Dadurch erhält die Serviette größere Standfestigkeit.

⑥ Fertige Figur.

Figur 58

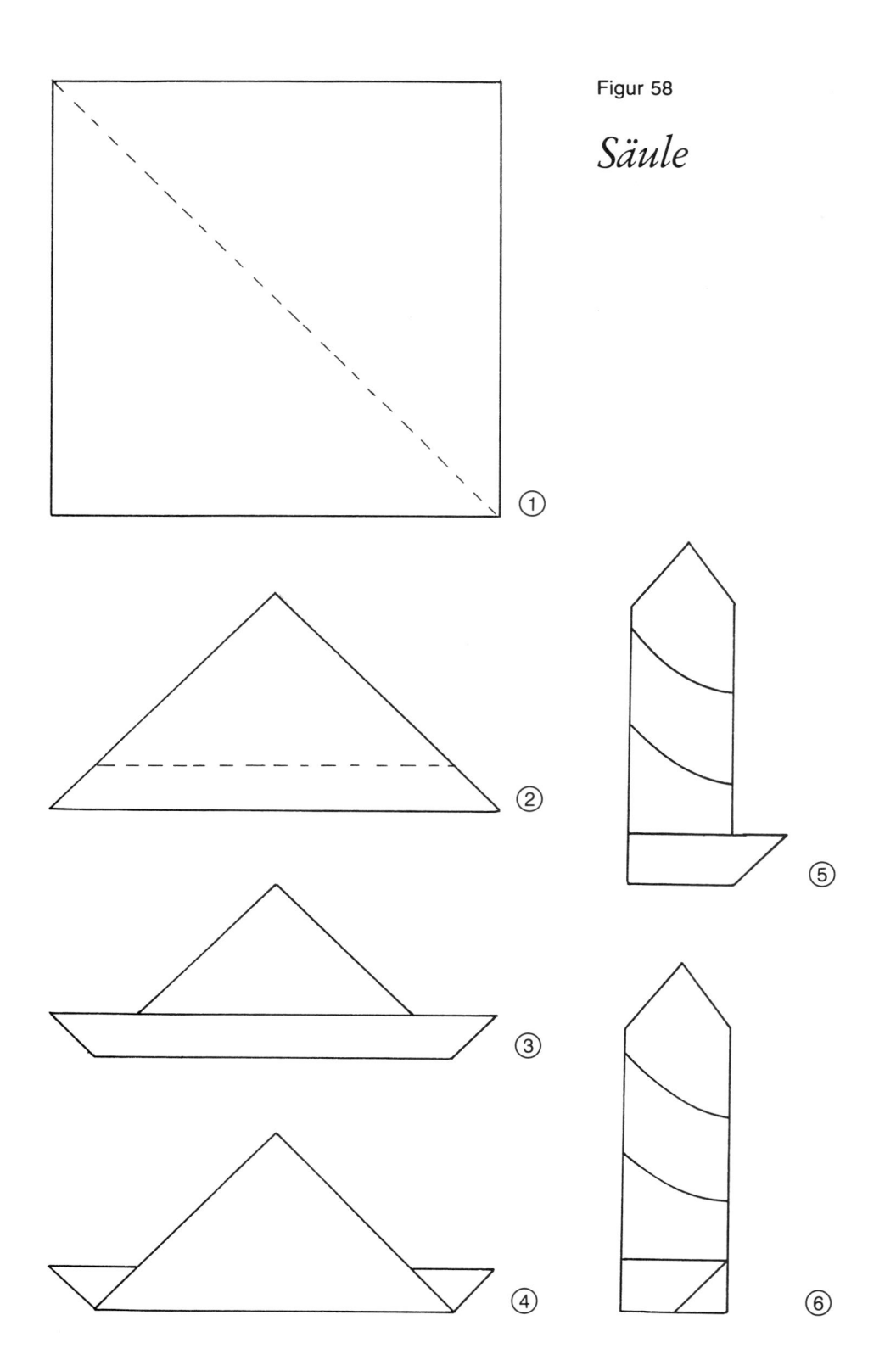

## Säule

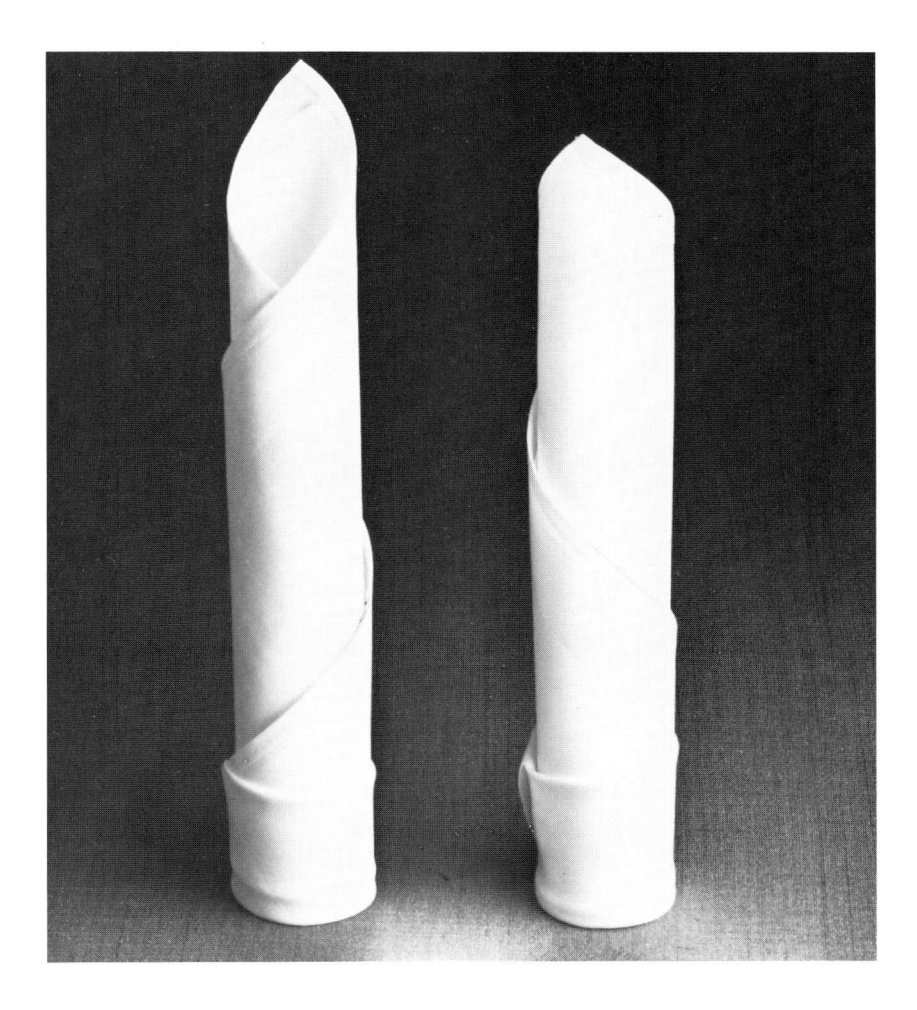

## Säule

① Serviette zu einem Dreieck brechen.

② Einen 1½ bis 2 cm breiten Rand von der Grundlinie her brechen.

③ Serviette wenden.

④ Serviette von der rechten Seite her ziemlich schmal aufrollen.

⑤ Ist die Serviette ganz aufgerollt, so muß der nach außen stehende Zipfel a in den entstandenen unteren Rand gesteckt werden. So erhält die Serviette Standfestigkeit.

⑥ Fertige Figur.

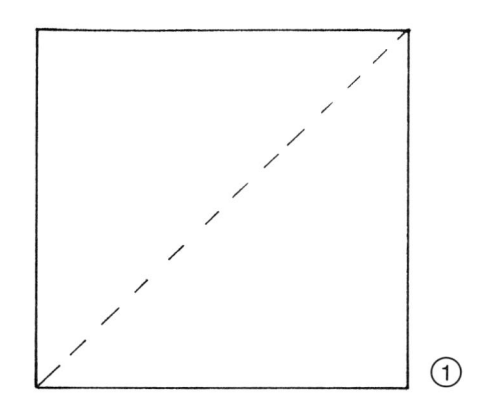

Figur 59

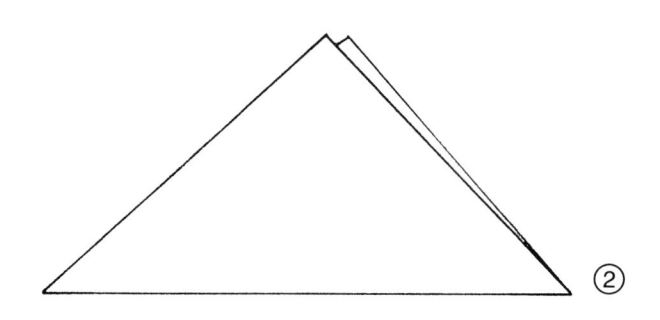

## Wünschelrute

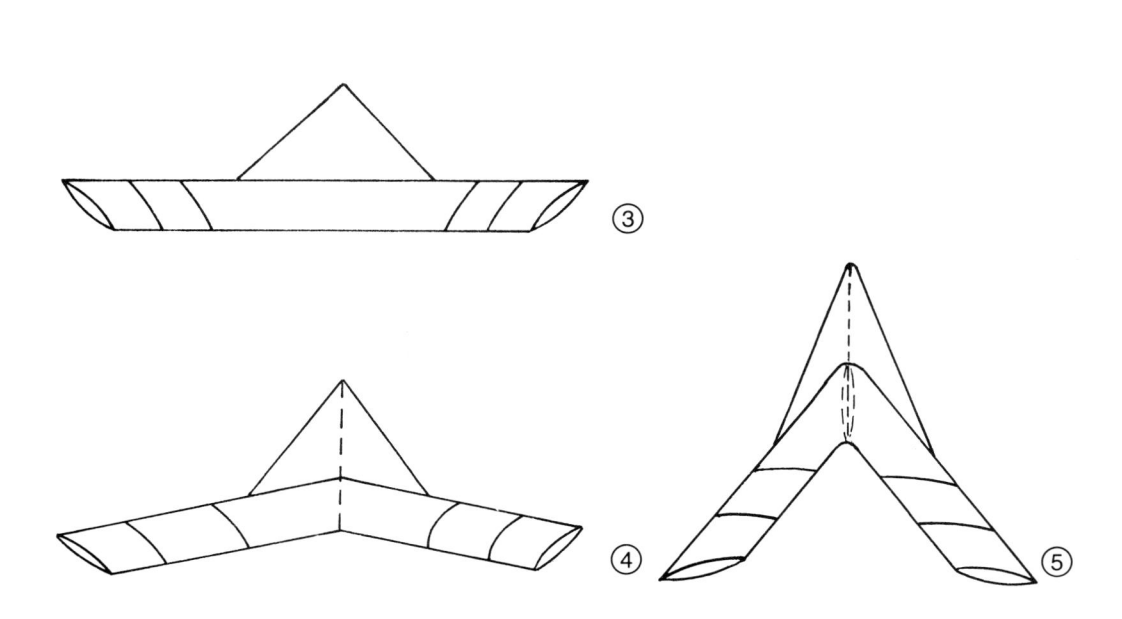

126

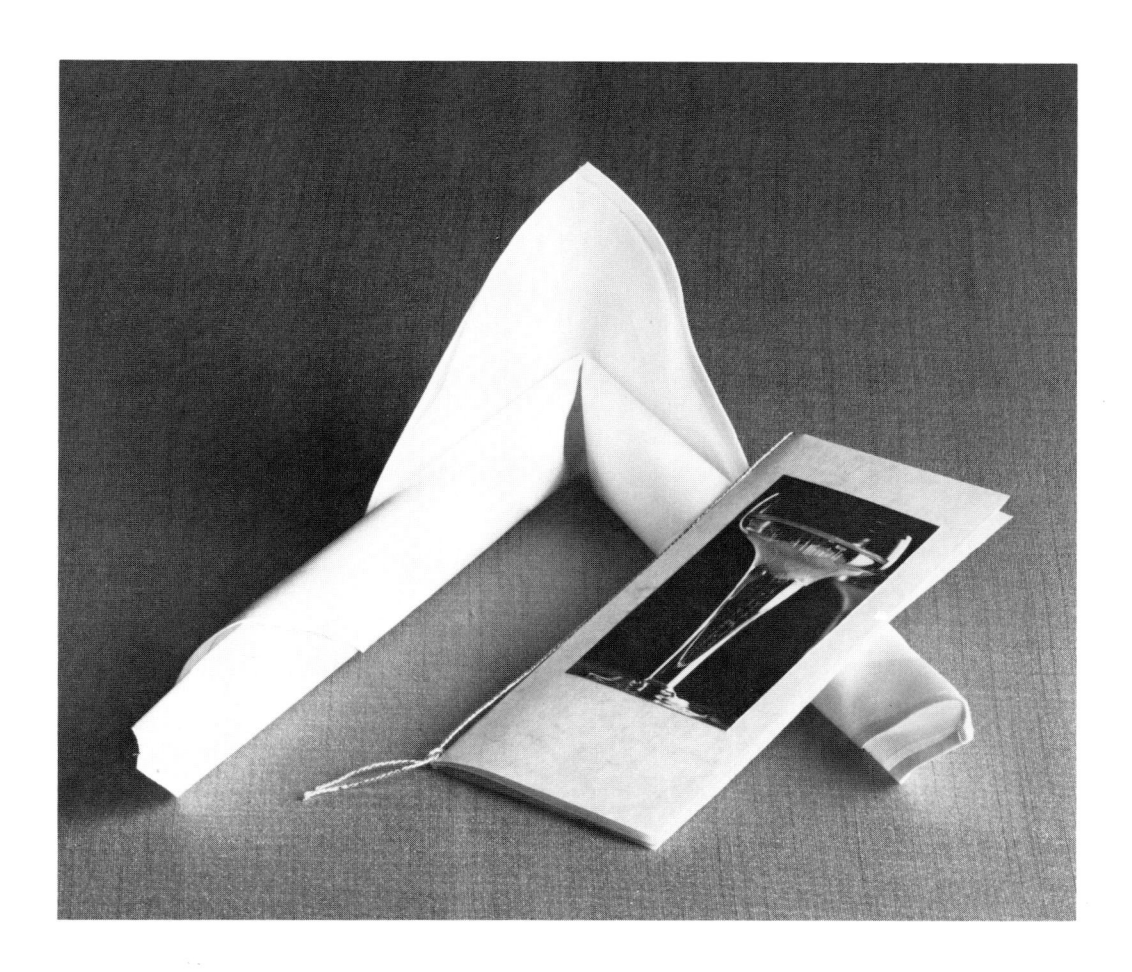

## Wünschelrute

① Serviette diagonal zum Dreieck brechen.

② Von der Grundseite her die Serviette aufrollen.

③ Ein kleines Dreieck frei stehen lassen.

④ Anschließend die Serviette in der Mitte brechen und aufstellen.

⑤ Fertige Figur.

Figur 60

*Bierstengel*

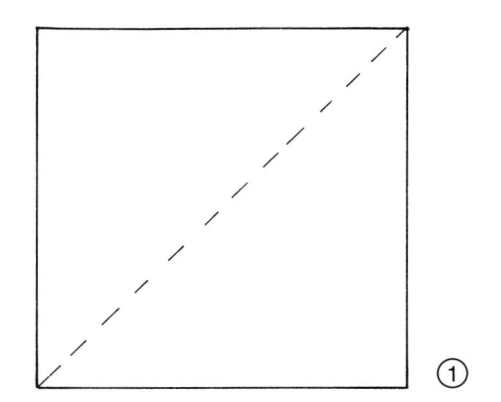

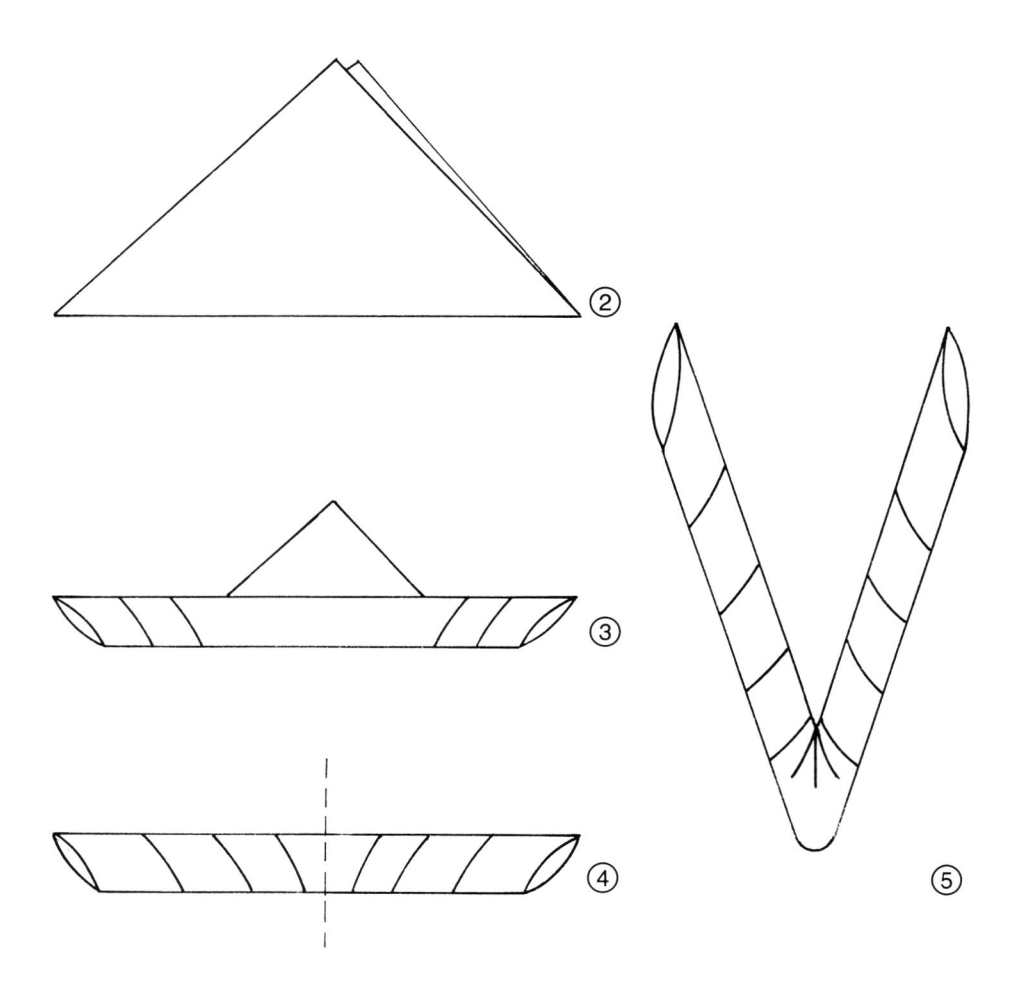

128

## Bierstengel

① Serviette diagonal zu einem Dreieck brechen.

② Dreieck von der Grundseite her rollen.

③ Einrollen bis zur Spitze.

④ In der Mitte knicken.

⑤ Fertige Figur.

Fertige Figur in ein Glas stecken, da diese gebogene Form einen Halt benötigt.

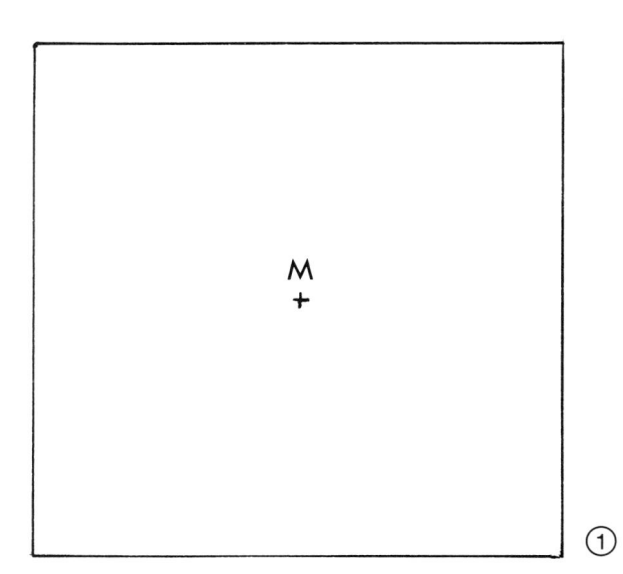

Figur 61

## Strauß

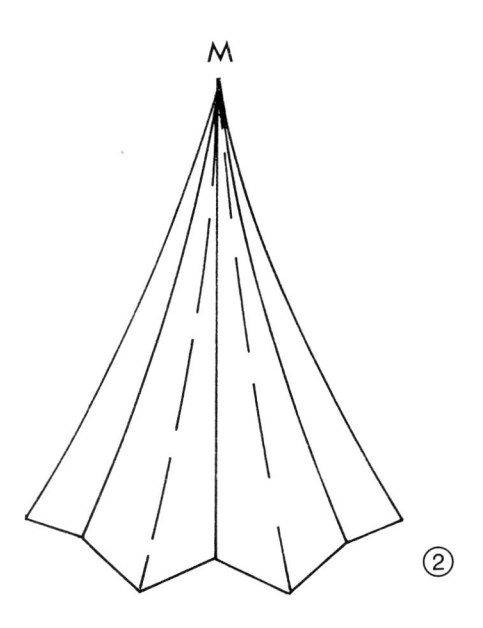

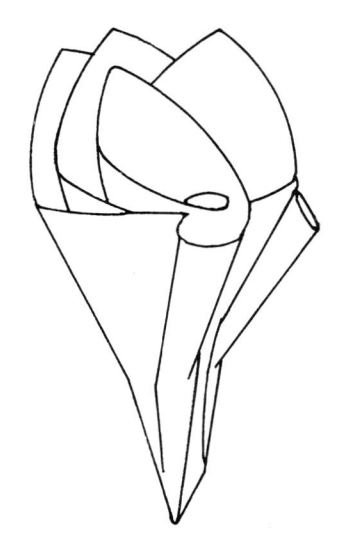

① ② ③

130

## Strauß

① Quadratische, leichte Serviette in der Mitte fassen und ausschütteln.

② Die Mitte M, nun zum „Stiel" geworden, nach unten in ein hohes Glas stecken, die entstandenen „Blätter" fallen nach außen.

③ Fertige Figur in ein schlankes Glas stecken.

Nur möglich mit leichten, ungestärkten Servietten.

Figur 62

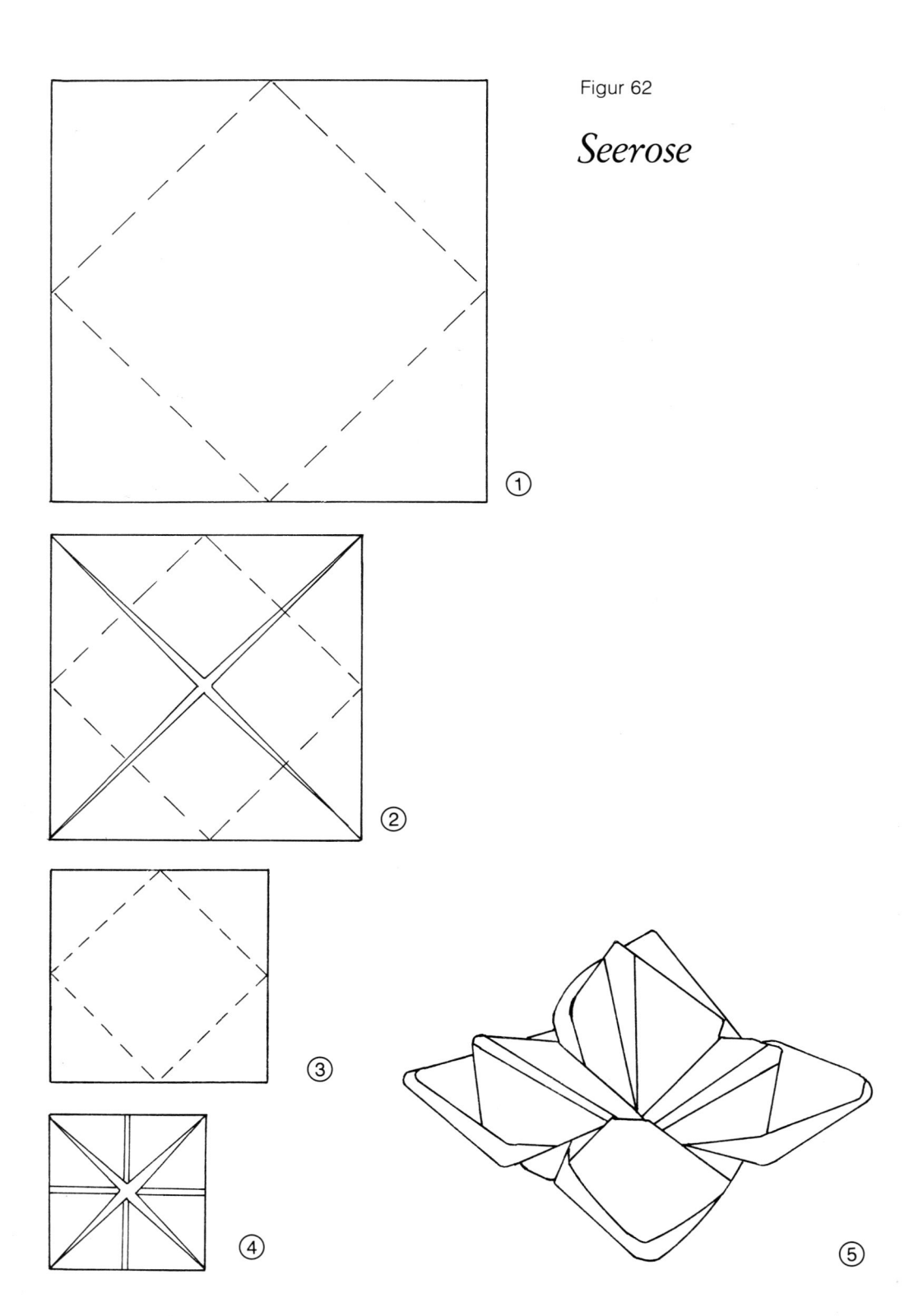

*Seerose*

## Seerose

① Bei einer quadratischen Serviette die vier Seiten nach innen brechen. Alle vier Ecken müssen genau in der Mitte zu liegen kommen.

② Der gleiche Vorgang wird wiederholt.

③ Man wendet die Serviette. Die vier Zipfel werden wieder genau zur Mitte hin gebrochen.

④ Nun die Zipfel, die unter den vier Ecken liegen, vorsichtig nach außen ziehen. Damit bei diesem Vorgang nicht die komplette Serviette auseinanderfällt, wird die Mitte der Serviette nach unten gedrückt. Alle. vier Zipfel nach außen ziehen.

⑤ Fertige Figur.

Figur 63

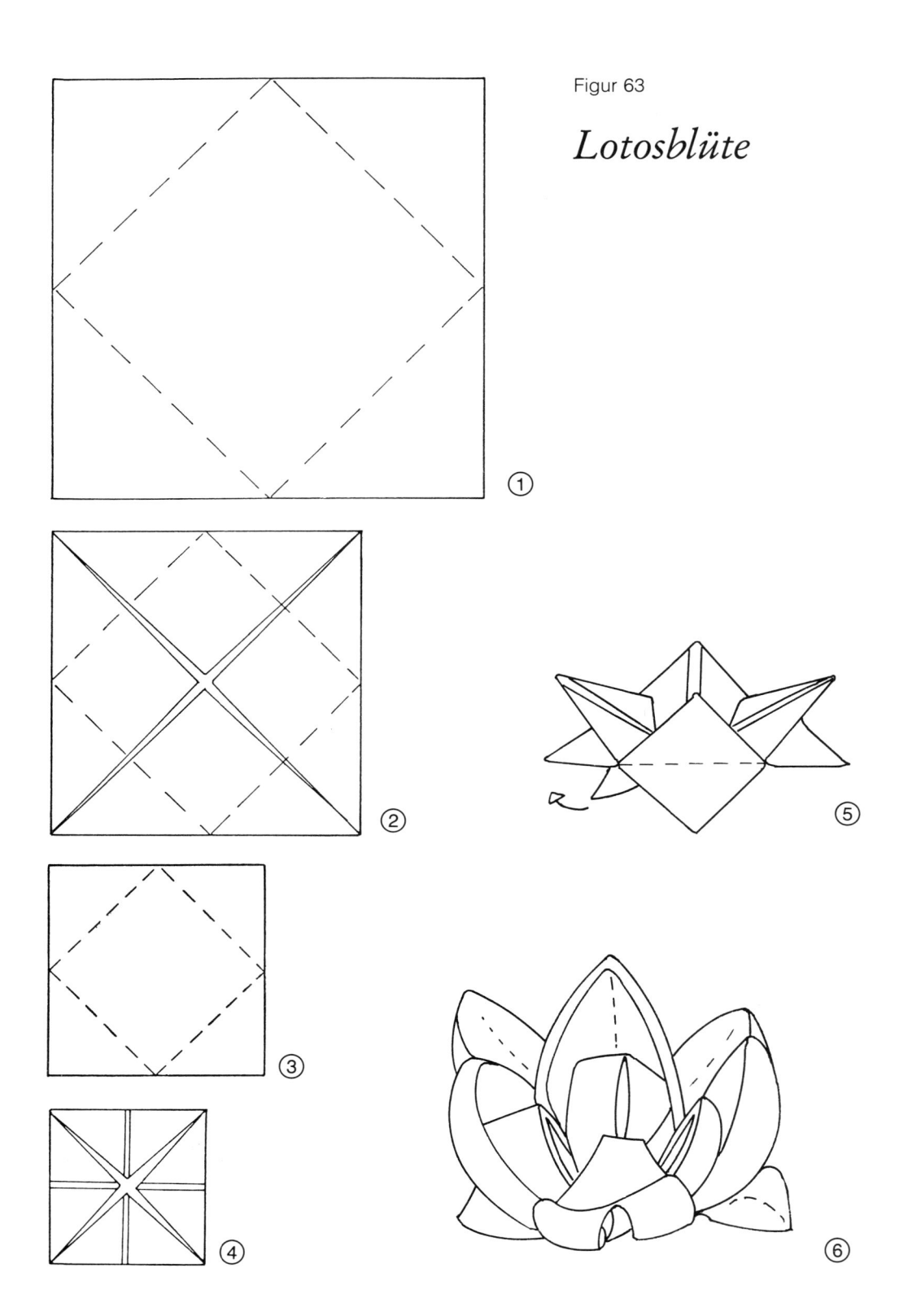

## Lotosblüte

① ② ③ ④ ⑤ ⑥

134

## Lotosblüte

① Bei einer quadratischen Serviette die vier Seiten nach innen brechen. Alle vier Ecken müssen genau in der Mitte zu liegen kommen.

② Der gleiche Vorgang, wie in Schritt 1 beschrieben, wird wiederholt.

③ Man wendet die Serviette. Die vier Zipfel werden wieder genau zur Mitte hin gebrochen.

④ Nun die Zipfel, die unter den vier Ecken liegen, vorsichtig nach außen ziehen. Damit bei diesem Vorgang nicht die komplette Serviette auseinanderfällt, wird die Mitte der Serviette nach unten gedrückt. Alle vier Zipfel nach außen ziehen.

⑤ Die vier Ecken stellen sich durch den in Schritt 4 beschriebenen Vorgang leicht auf. Um die Figur noch plastischer zu gestalten, zieht man vorsichtig die anderen vier Zipfel unter der Serviette hervor. Es entstehen die „Blätter" der Lotosblüte. Wenn die Serviette richtig gestärkt ist, wölbt sie sich schüsselförmig nach oben.

⑥ Fertige Figur.

Hinweis: Am besten nur exakt quadratische Servietten benutzen, die gut gestärkt sind. Die fertige Figur eignet sich sehr gut als Plattenunterlage (große Serviette) oder als Brotkörbchen (kleine oder normal große Serviette). Diese Figur herzustellen benötigt etwas Zeit. Sie läßt sich außerdem nur schwer oder fast gar nicht lagern.

Figur 64

## Halbmond

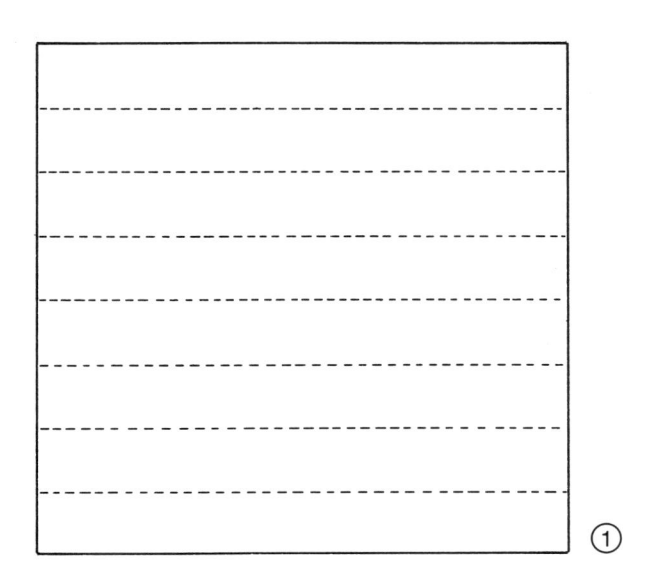

① ② 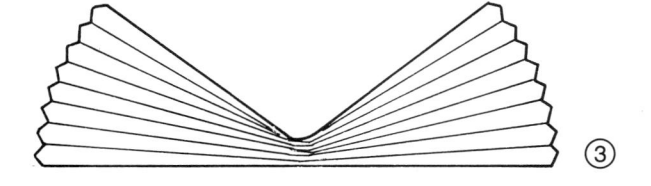 ③ 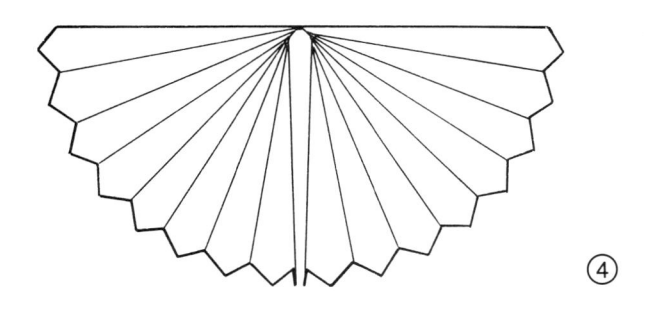 ④

136

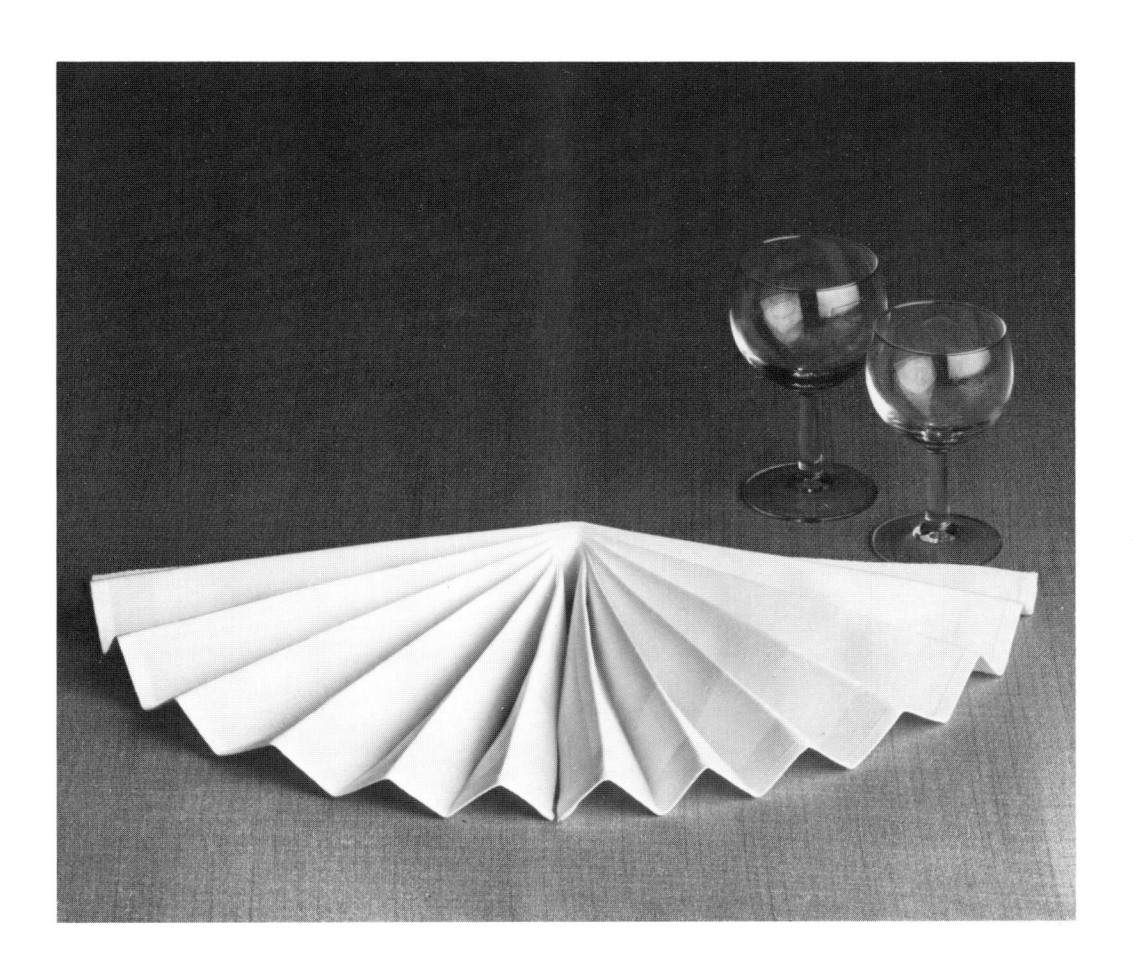

## Halbmond

① Serviette in gleichen Abständen abwechselnd nach vorn und hinten brechen.
Die Streifen sollten nicht breiter als etwa zwei Zentimeter sein.

② Figur fest andrücken.

③ In der Mitte festhalten und an beiden Enden aufziehen. Es entsteht die fertige Figur.

④ Fertige Figur.

Zu beachten ist, daß diese Figur nicht stehen kann, man kann sie liegend als Unterlage bei einem Büfett verwenden.

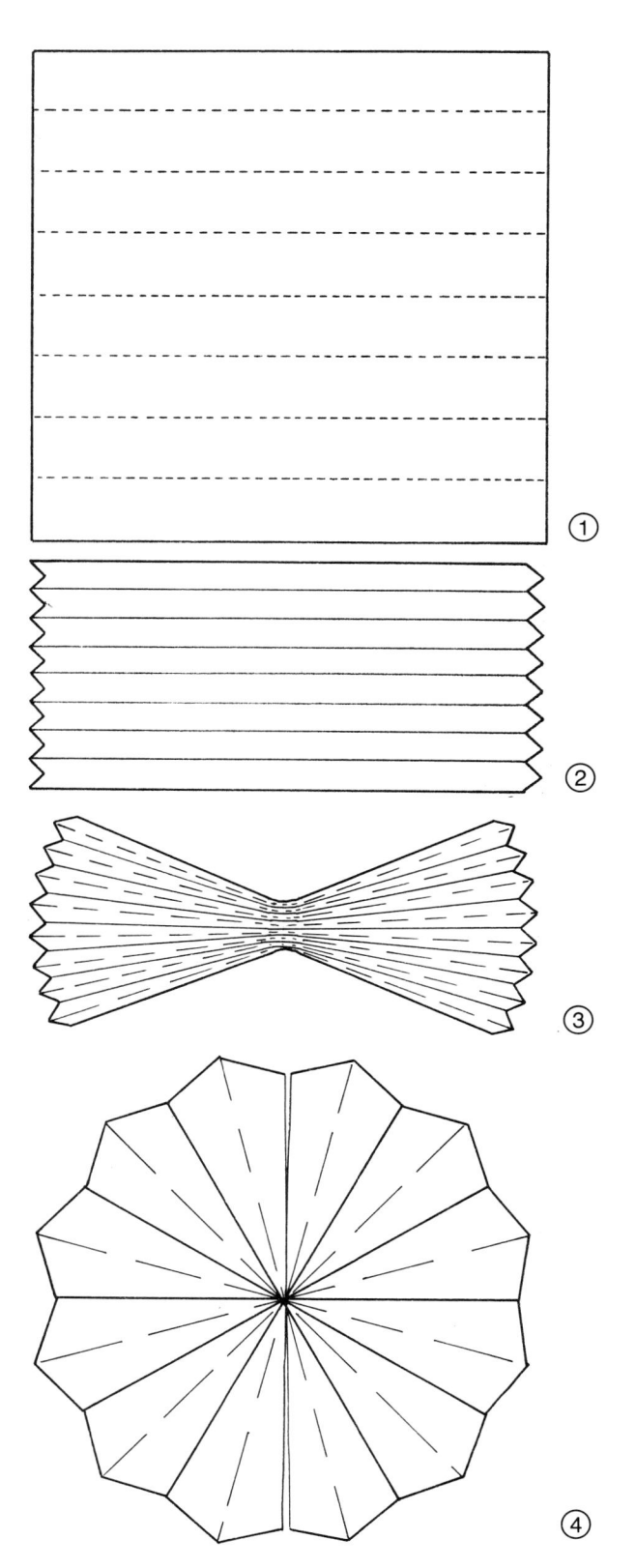

Figur 65

*Vollmond*

① ② ③ ④

138

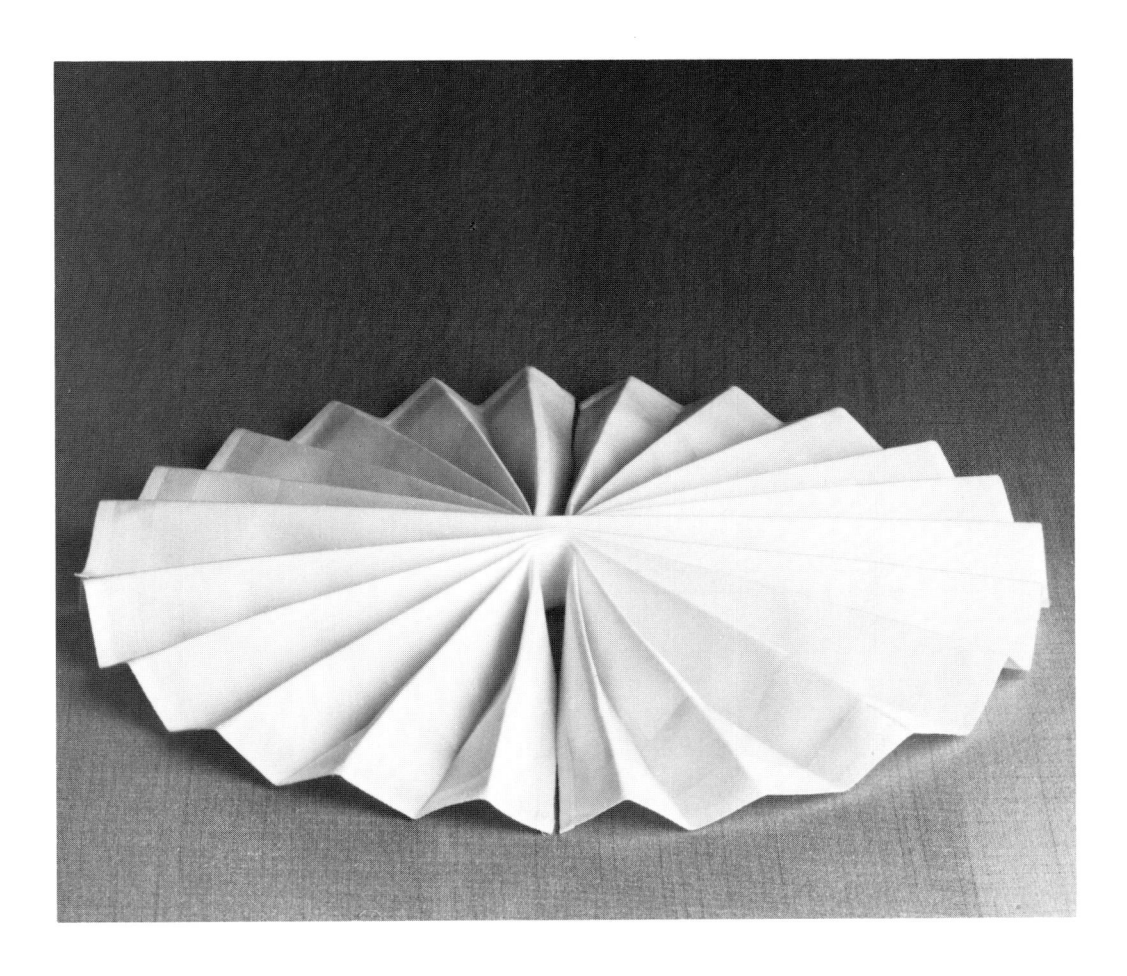

## Vollmond

① Serviette in gleichen Abständen abwechselnd nach vorne und hinten brechen. Die Streifen sollten nicht breiter als etwa zwei Zentimeter sein.

② Figur fest andrücken.

③ Mit Daumen und Zeigefinger in der Mitte festhalten und die Enden auseinanderziehen.

④ Fertige Figur.

Achtung! In einem Stück kann der Vollmond nur mit einem großen Tuch (z. B. Napperon) gebrochen werden. Es ist aber möglich, durch Brechen von zwei Halbmonden aus normalen Servietten die gleiche Figur zu erzielen. Diese Figur eignet sich wie der Halbmond am besten für Büfetts oder als Dekoration. Sie kann zum Beispiel als Unterlage für Brötchen oder Brotscheiben auf einem Frühstücksbüfett liegend verwendet werden.

Figur 66

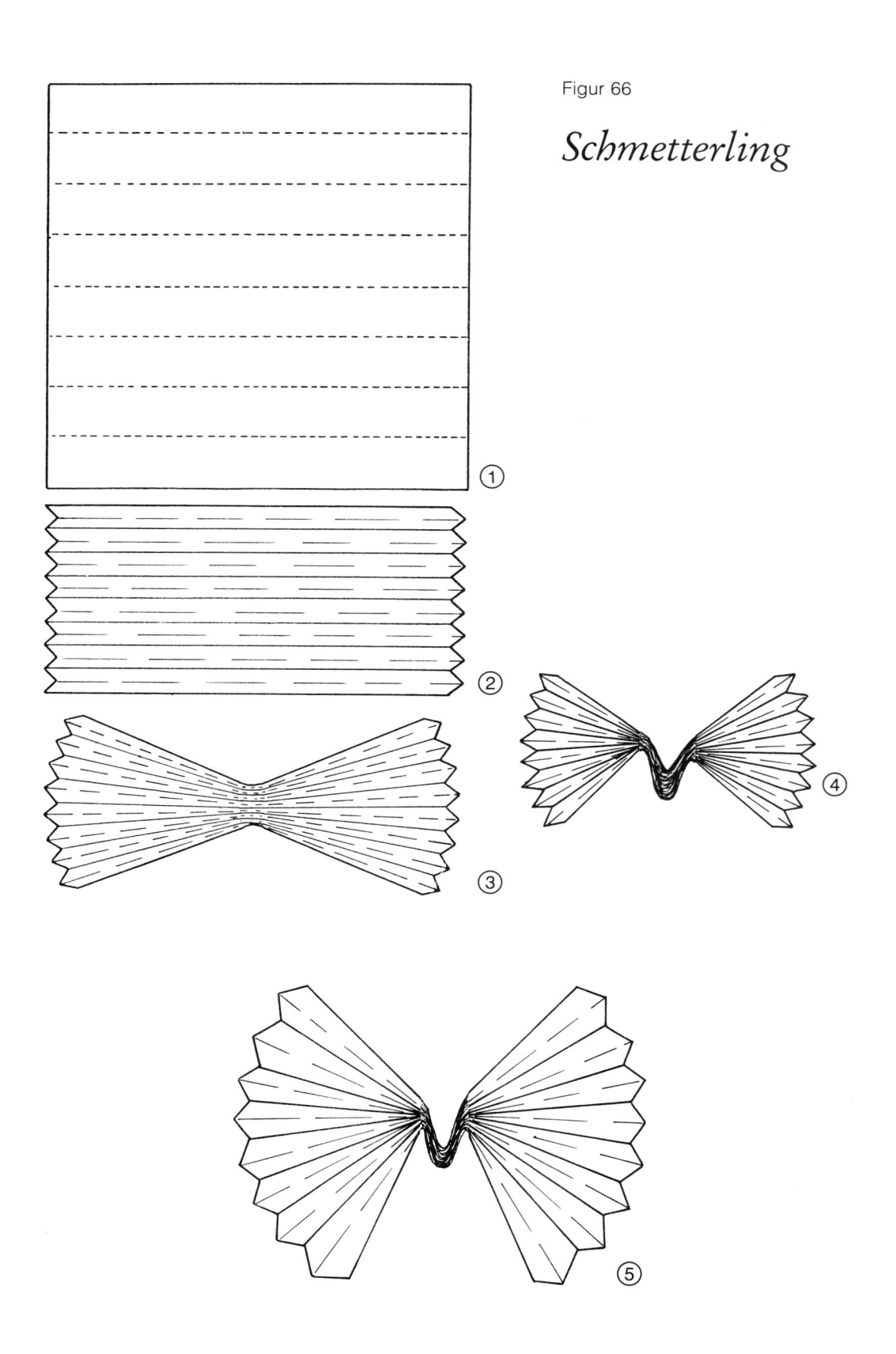

## Schmetterling

① ② ③ ④ ⑤

## Schmetterling

① Serviette in gleichen Abständen abwechselnd nach vorn und hinten brechen.
Die Streifen sollten nicht breiter als etwa zwei Zentimeter sein.

② Figur fest andrücken.

③ Die Figur in der Mitte brechen.

④ Etwas außerhalb der Mitte fest zusammendrücken und die Enden auseinanderziehen.

⑤ Fertige Figur.

Auch diese Figur kann nur liegend als Dekoration verwendet werden.

*Die Seite für Ihre eigenen Serviettenfiguren.*

*Die Seite für Ihre eigenen Serviettenfiguren.*

# Weitere Erfolgstitel des gleichen Autors

## Checkliste für Feiern

aufgezeigt am Beispiel Silvester
Das Handbuch hilft, alle Arten von Veranstaltungsvorbereitungen, Mitarbeiterbesprechungen und Schlußkontrollen effektiv zu gestalten.
156 Blatt, Spiralbindung

## Kunstvolle Tischkarten

Zu einer gepflegten Tafel gehören die Tischkarten. Wie man sie selber macht, welche Materialien man braucht, welche Hilfsmittel benötigt werden..., hier finden Sie zahlreiche Anregungen für über 50 verschiedene Karten.
80 Blatt, Spiralbindung

## Zimmer und Etage

Service mit System. Vom Zimmermädchen zur Hausdame. Die Arbeiten des Etagenpersonals. Arbeiten am und im Gästezimmer. Die ganze Palette der umfangreichen Tätigkeiten vom Säubern der Zimmer bis zum Aufstellen von Organisationsplänen.
112 Seiten, gebunden

## Tische und Tafeln

Von der kleinen Familienfeier bis zur Massenveranstaltung im Konferenzsaal wird jede Veranstaltung in übersichtlicher Skizze und klarem Text berücksichtigt.
208 Seiten, Beschreibungen von 65 Tisch- und Tafelformen mit 223 Aufrißzeichnungen, gebunden

HUGO MATTHAES DRUCKEREI UND VERLAG
GMBH & CO. KG
Stuttgart · München · Frankfurt · Hamburg